JN438707

어둠 짙을수록 더욱 빛나지

현대수필가100인선Ⅱ·55

어둠 짙을수록 더욱 빛나지

김지헌 수필선

수필과비평사 · 좋은수필사

■책머리에

수필은 누구나 부담 없이 읽고, 마음만 먹으면 직접 쓸 수도 있는 가장 친근한 문학이다. 다른 영역의 문학이 영상매체에 밀려 신음하고 있는 중에도 수필 인구만은 날로 증가하여 바야흐로 수필 전성시대를 구가하고 있는 이유도 거기에 있을 것이다.

시대적 추세에 힘입어 수많은 수필전문지, 수필동인지가 창간되고, 이에 비례하여 신진 수필가도 날로 늘어나다 보니 이제는 그 많은 작가, 그 많은 작품 중에서 문학성 높은 작품을 가려 읽는 일이 쉽지 않게 되었다. 이런 현상은 작가에게나 독자에게나 결코 바람직한 일이 아니다. 더 나아가서는 수필을 연구하는 후세들에게도 큰 부담이 될 것이다.

이런 문제를 해결하는 데는 출판인도 마땅히 한몫을 감당해야 한다는 평소의 소신에 따라, 본사가 기꺼이 그 역할을 맡기로 했다. 그 첫 번째 사업으로 시대를 대표할 만한 수필가 100인을 선정하고, 작가가 자선한 40편 내외의 작품을 수록한 문고본을 발간하여 이를 널리 보급함으로써 그 소임을 다하고자 한다.

본사는 사명감을 가지고 이 사업을 추진해 나가기로 했다. 작가 선정을 전담할 편집위원회를 구성하고 전권을 위임하여 일체의 사적인 정실이나 청탁을 배제함으로써 전문성과 공정성을 확보해 나갈 것이다.

따라서 이 기획물 속에는 작가의 문학정신뿐만 아니라, 본사의 문학사적 기여 의지와 편집위원 제위의 수필문학에 대한 애정과 문인으로서의 양심이 함께 담겨 있음을 자부한다. 다만, 작가를 선정하는 기준에는 많은 견해의 차이가 있을 수 있고, 선정 과정에서도 미처 챙기지 못한 부분이 있을 것이라는 사실만은 인정하지 않을 수 없다. 이 점에 대해서는 관계자 여러분의 양해 있으시기 바란다.

이 시리즈의 발간 순서는 작가, 또는 본사의 사정에 의한 것일 뿐 그 밖의 어떤 기준도 적용하지 않았음을 밝힌다.

본 기획물이 시대를 초월한 많은 수필 애호가들의 관심과 애정 속에 우리나라 수필문학 발전에 한 이정표가 되기를 바랄 뿐이다.

본사에서는 이상과 같은 취지로 ≪현대수필가 100인선≫ 전 100권을 완간하여 큰 반향을 불러일으킨 바 있다.

그러나 우리 수필문단의 규모나 수필문학의 수준에 비추어 선정 작가를 100인으로 한정하는 것은 형평성이나 효율성 면에서 크게 부족하다는 의견이 많았고, 본사 또한 이를 통감하던 터라 기꺼이 ≪현대수필가 100인선Ⅱ≫를 발간하기로 했다.

본사의 충정에 찬동하여 출판에 응해주신 저자 여러분에게 진심으로 감사한다.

2014년 9월 일

수필과비평사 · 좋은수필사 발행인 서 정 환
현대수필가 100인선 간행 편집위원 박 재 식 최 병 호
정 진 권 강 호 형
오 세 윤

| 차례 | 현대수필가100인선II · 55

1_부

2_부

3_부

4_부

5_부

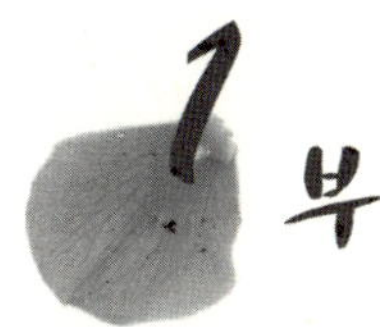

1부

그는 누구일까

꽃샘추위가 기승을 부리던 3월 어느 날, 지인을 만나기 위해 광천동의 한 건물을 찾아가던 중이었다. 발걸음을 늦추어 건물 이름을 확인하던 중 한 탁발승과 마주쳤다. 그는 비구니였다. 승복을 입었으나 옷은 오랜 시간의 흔적으로 남루해 보였고, 작고 왜소한 몸과 절뚝거리는 다리가 자꾸 시선을 비끄러맸다. 낡은 털신 속에 발목까지 올라온 푸른 빛이 도는 흰 양말이 왜 그리 춥고 외롭게 보이던지. 어쩌면 작고 마른 몸 탓에 그의 흰 양말이 유난히 눈에 띄었는지도 모르겠다. 어쨌거나 그와 나는 서로의 일을 위해 같은 블록에서 거리를 좁혀들고 있었고 나는 본의 아니게 그의 행동을 엿보게 되었다. 저만치서부터 탁발 삼아 문을 밀고 들어가는 가게마다 거절당하고 나오는 모습을.

내가 찾던 건물 앞에 섰을 때 그는 그 가게에서도 허방짚고 나오는 중이었다. 나도 모르게 지폐 한 장을 꺼내 합장하고 두 손을 내밀었다. 그러나 그는 짧은 순간 내 눈을 무연히 들여다보더니 합장으로 답하며 고개를 흔들었다. 순간 나는 어떻게 해야 할지 몰라 당황했다. 그냥, 드리고 싶어서요. 불쑥 나온 말 또한 한없이 궁색했다. 그래도 그는 고개를 저으며 연거푸 합장만 할 뿐이었다. 그의 의중을 짐작한 나는 합장하고 그대로 돌아섰다.

그 작은 사건은 이상하게도 내 마음을 오래도록 잡아두었다. 그를 떠올릴 때마다 그의 하얀 양말이 불쑥 기억에서 치솟기도 했다. 뿐만 아니라 그의 거절은 나를 돌아보게 했다. 행여 지폐 한 장에 어줍잖은 생각이 들어 있었던 것은 아닌지. 옹색한 자기만족이 끼어들었던 것은 아닌지 …….

그러나 내가 마음 낸 순간 나는 어떤 의도도 직조해내지 않았음을 자인한다. 참된 수행자라면 어느 종교, 어느 누구에게도 똑같은 마음일 것이다. 가게의 문을 열 때마다 합장하고, 문을 닫고 나오며 합장하는 그의 행위에는 탁발승의 무심함과 일상적 삶에 대한 경건함이 그대로 배여 있었다. 여러 가게를 전전하며 빈손으로 나올지라도 그의 태도에는 변함이 없었다.

그리고 시간이 흘러갔다. 어느 늦가을, 가로수의 은행잎이 도로를 노랗게 물들이던 날이었다. 나는 방림동의 도로

변 상가에서 그를 또 만났다. 나는 왜 여전히 그가 반가운 걸까? 흰 양말에 같은 승복 차림이었다. 봄에 보았던 것처럼 그의 탁발은 여전히 난부득으로 보였다. 그의 태도 역시 조금도 변함없이 공손하게 문을 열고 합장했다가 문을 닫고 돌아서기를 반복하고 있었다. 장소만 다를 뿐 그의 삶은 하나도 달라지지 않았다. 나 역시 거절당한 경험의 기억을 그대로 가지고 있었지만 나도 모르게 지폐 한 장을 들고 그의 앞에 섰다. 그것은 어떤 생각이 있어서가 아니라 자동적이었다. 오직 그러고 싶은 마음만 있을 뿐이었다. 다른 게 있다면 지폐의 숫자가 봄에 비해 반으로 줄었다는 사실이었다.

그와 나의 시선이 한 곳에서 섬광처럼 스쳤다. 세상에서 가장 온화한 눈길이었다. 그리고 아무런 욕망이 없는 무심한 눈이었다. 그런 눈동자를 언제 만난 적이 있던가. 그의 눈길 아래로 합장한 그의 손을 보았다. 목탁을 두드리던 손이라곤 믿을 수 없을 만큼 작고 애처로웠다. 아니 절제하고 절제해서 더 이상 마르면 나뭇가지가 되어버릴 것 같은 손가락이었다. 그제서야 그가 합장을 풀고 지폐를 받아들었다. 그 순간 세상에서 가장 작고 보잘것없는 한 사람이 내게는 큰 사람으로 다가왔다. 그 까닭은 나도 온전히 설명할 수 없다. 말하다 그 감동을 놓치는 한이 있어도 설명해야 한다면 궁색한 이런 표현이나 가능할까. 사람들의 냉대에도 흐트러짐 없는 행위, 타인의 도움을 청하면서도 자신이 생각하는 기준이 넘친다 싶으면 거절할 수 있는 용기와 무욕의 모습, 늘 변함없는 정갈함과 당당함이 생 속으로 흘러들어 흔들리지 않는 표정 ……. 합장하고 돌아서는 순간 나는 그가 관세음보살이라 생각되었다. 넘치고 넘치는 물질 속을 유영하면서도 늘 결핍으로 방향 감각을 상실해가는 내가 나를 보는 순간이기도 하다. 가장 가열찬 수행자적 삶을 살아가는 그에게서 내 모습을 찾고 싶어하는 내 마음을 본다.

문

실존과 초월, 주체와 타자, 안과 밖, 정신과 몸, 모든 경계에 이를 때 우리는 문을 통해 넘나들고 때로 양존하는 순간을 맞기도 한다. 그래서 세계는 온통 문이다.

그 문들을 통해 한 세계에서 다른 세계로 가는 길 또한 무수히 많다. 우리는 수많은 문을 통과하며 살아가지만 똑같은 문은 없다. 같은 문을 통과해도 그 경험은 매 번 다르다. 매 순간 변화하는 세계의 사물들은 비슷한 것 같아도 모두 다르기 때문이다. 한 사람의 긴 생의 여정에서, 크고 작은 통과제의를 거칠 때마다 문을 통하지만 우리는 자신이 드나들었던 문들을 일일이 기억하지 못한다. 다만 그 길을 지나며 변화하고 나아갈 뿐이다. 때론 기억하지 못한다는 것이 얼마나 큰 축복이던가.

사립문(대문)

동짓달 깊은 밤, 꿈결인 듯 잠에서 깨어나다 사립문 여닫히는 소리를 듣기도 했다. 귀를 기울이면 문을 흔들고 지나가는 바람의 소리도 함께였다. 아침에 보면 사립문은 밤새 내린 눈을 맞아 몇 차례 바람결에 털어내기를 반복하면서도 의연히 제 자리에 서 있었다.

어린 시절, 마루에 걸터앉아 두 다리를 흔들며 들일 나가신 어머니를 기다리며 하염없이 바라보는 것이 사립문이었다. 어머니는 그 작은 문을 열어 나가셨고, 그 문을 통해 들어오실 테니까. 그리 높지도 않고 넓지도 않아 누구나 그 너머를 들여다보고, 건너다니고 여닫을 수 있는, 있으나 없으나 별무소용인 것 같은 문이었다. 공간적으로 안과 밖의 경계를 가지고 있으나 오히려 양쪽이 다 공유해도 좋은, 사립문만의 열린 세계였다. 사물이라는 실체를 가지고 있으면서도 그 너머의 대상까지 넘나들 수 있는 통 큰 자유를 가진 문이었다.

싸리나무는 7월 즈음, 주로 보랏빛의 애잔한 꽃을 피운다. 꽃이 지고 가을이 되면 어른들은 싸리나무를 베어 새로운 사립문을 세웠다. 이를테면 싸리로 만든 사립문의 수명은 거개가 1년인 셈. 1년이 지나면 비바람, 눈보라에 낡아 엮었던 새끼줄이 끊어지고 매듭이 풀려 사립문은 모양이 일그러지고 구멍도 생겨 존폐위기에 처하게 된다. 문틀 자체가 굵은 대나무나 고만고만한 통나무를 양쪽에 세워놓고 싸리문짝을 매달아두기 때문에 정밀하거나 튼튼함과는 거리가 멀기 때문이다. 그래서 1년쯤 지나면 그 작은 문이 더 허술해져 개들도 드나들 구멍이 생긴다.

사립문이야 애초 내 집 마당에 들어서는 사람을 감시하거나 막아보겠다는 의도는 꿈에도 없었다. 이 집은 내 집이니 그리 아시오, 정도의 자기 영역 표시가 전부였다. 살짝 닫아두거나 열어두는 차이로 집에 사람이 있거나 외출중이라는 의사나 전달해주면 그 역할이 다였다. 그러니 타인을 경계하거나 밀어내겠다는 의도는 애당초 없었다. 그래서 지나는 사람이 맘만 먹으면 얼마든지 그 집 안을 다 들여다볼 수 있었다. 어쩌면 누가 봐도 우리는 이렇게 사요, 라고 자신의 일상을 투명하게 드러낼 만큼 정갈한 시대의 산물이었을 것이다. 식구들이 마루에 앉아 밥을 먹고, 마당에 널어놓은 덕석의 농작물을 흘깃거리고, 빨랫줄에 널어놓은 옷으로 며느리 솜씨를 훔쳐보고, 잿간에서 괴춤을 올리며 나오는 주인도 볼 수 있었으니. 그저 사람 사는 모습을 그대로 다 보여도 되는 시절이었으니.

어찌 사람뿐이랴. 바람이 불면 저절로 닫히고 일 없을 땐 한낮에도 늘 열려 있는 문. 드나들고 싶은 사람은 언제든 드나드시오. 주인과 객이 항상 자유로우니 문도 자유로웠다. 그러니 열리고 닫힘에 제약이 없고 모두 품어 안았다. 이를테면 경계 없음, 무장해제였다.

이제 세월 따라 사립문의 숙명도 바뀌었다. 싸리꽃 만발하던 고향 산천도 변했지만 그 사립문 자리엔 햇빛에 광택을 뽐내는 파란 페인트를 입은 대문이 떡 버티고 있다. 어디 변한 게 문 뿐이랴. 내 유년의 내력을 죄다 꿰고 있던 잎이 무성했던 감나무는 흔적도 없이 사라졌고, 그 감나무로 대신했던 담은 벽돌이 쌓여져 있다. 내 청년기까지만 해도 울도 담도 없어 마루에 앉아 시선을 멀리 두면 바다는 밀물 썰물에 몸살을 앓으면서도 시침떼는 모습이 그림처럼 고요히 두 눈에 담겼는데, 이제는 삼면으로 둘러쳐진 시멘트 담벼락에 가려 아무것도 보이지 않는다. 오직 벽돌 담장 사이로 햇살에 반사된 파란 대문이 그 위용을 뽐내고 있을 뿐이다.

파란 대문과 함께 그곳을 드나드는 사람들의 마음에는 벌써부터 담이 쳐지고 문이 닫히고, 잠금장치도 걸어졌을 것이다. 경계 태세 완료, 외부인은 함부로 드나들지 마시오를 상징하는.

그곳을 탯자리로 살았던 사람들의 역사가 사라지듯, 생겨나고 스러져가는 것의 순환을 누가 막을 수 있겠는가. 다만 오랜 시간 내 기억에 존재해 있던 사립문의 자유를 구가하던 내가 스스로의 경계를 풀고 파란 대문을, 내 의식의 문으로 받아들이기까지는 오랜 시간이 흘러야 할 것만은 분명하다.

일주문

어느 사찰이든 일주문 없는 절은 거의 없다. 세간 집의 대문처럼 사찰에 들어가려면 일주문을 통해야 한다. 그래서 절집에 들어서는 이들에겐 통과제의의 제1관문이라고 한다. 일주문 안과 밖은, 세간과 출세간의 경계지점이다. 그 문을 지나며 세간의 시끄러움이나 알음알이들을 하나씩 내려놓는다. 절집의 예법대로 고요하게 비우고 내려놓기를 염원하는 것이다. 그렇게 얇은 허물벗기를 통하면 조금씩 산과 자연과 우주가 하나임이 마음에 들어오기 시작한다. 자신 안에 꽉 차 있던 공간이 조금씩 자리를 비워가며 새로운 세계가 자리바꿈을 하게 된다. 그래서 스님들은 일주문을 통과하면 혈육까지도 잊지 않으면 안 된다 했던가. 일주문을 경계로 차안에는 온갖 상像으로 이루어진 현상적 세상살이가 있고, 피안에는 그 상을 지워가며 본질을 찾아가는 초월과 이상의 세계가 존재한다.

그런 알음알이 때문인가. 가끔 처음 들어서는 사찰의 일주문을 통과하면서도 기시감에 몸이 오싹해지곤 한다. 세속에서 살면서 비바람 들이치지 않게 마음자락 단단히 단

속해도 놓치고마는 생의 비의 같은 것, 어쩌면 그것들이 운명처럼 다가드는 순간일지도 모른다.

모든 문이 그렇듯 일주문도 상징적 통과의례의 문이다. 그래서 일주문 안에는 세간을 지향하는 이들과 출세간을 지향하는 이들이 모일 수 있는 공간이 된다. 부처와 중생이라는 경계를 무너뜨리고 잠시 자신을 놓을 수 있는 곳이 절간이니. 깨달으면 피안이 되고, 현실의 벽에 갇혀 허우적거리면서도 그 삶을 놓지 못하면 차안의 사람이 된다. 누가 피안을 원하지 않으랴. 각자 제 삶의 무게가 무거워, 카르마의 두께가 두터워 피안의 세계에 한 발 다가서지 못하는 것일 뿐. 마음 한 번 돌이키면 자유를 구가할 수 있다 했는데, 본래 면목 찾아가는 마음의 일주문을 쉽게 넘어서지 못한다. 폭염의 삼복더위에 세간 일일랑 잠시 내려놓고 일주문 안 절집 도량에 앉아, 몸과 마음을 부려놓고 시원으로의 여행 길 나서보고 싶다.

내 안의 문

한 사람에게 있어서 가장 중요한 문은 자신 안의 문이다. 이름하여 이니시에이션. 누구나 태어나서 죽음에 이를 때까지 알게 모르게 수많은 성장의식을 치르게 되는데 그 문은 숙명처럼, 일생 동안 지나야할 과제이며 또 응당 거쳐야 하는 의례이기 때문에 피해갈 수도 없고 피해서도 안 되는 마음의 문이다. 사람은 수많은 관계 속에서 많은 경험을 하며 사는 동안 보이지 않는 문들을 다 지나쳐야 하기 때문이다. 똑같은 사건을 맞으면서도 누구는 절규하고, 누구는 아프지만 의연하게 받아들이기도 한다. 아픔이라는 문의 크기는 같은데 그 문을 통과하는 사람의 마음 크기에 따라 다르게 맞아들여서다. 생의 변곡점에서 누구나 통과 제의의 문을 마주치지만 각자 자신이 가진 것만큼 자유롭게 열어줄 수도 있고, 폐쇄시킬 수도 있다. 간혹 어떤 이는 꼭꼭 닫아걸어 자신 속에 가두고 살기도 한다.

일생 동안 우리는 수없이 많은 이니시에이션을 지혜롭게 지날 때 삶도 성숙해진다. 따라서 이 마음의 문은 가장 솔직하게 그 사람을 그대로 반영하며 가시적으로 보이는 수많은 문들보다 더 복잡하고 중요하다. 어쩌면 숙명처럼, 한 사람의 모든 생각과 행위의 총체를 이끌고 있기 때문이다.

자신을 잘 아는 이는 진정 자유로운 문으로 향하는 길목을 알고 있다 할 것이다. 자신 안에 있는 수많은 문들의 문턱 높낮이를 가늠할 줄 아는 이는 자신의 삶으로부터 단단해질 수 있기 때문이다. 그래서 자유를 꿈꾸고 그 자유를 찾아 누릴 줄 안다. 누구나 자유를 찾고자 하면서 나아가지 못하는 모순은 인간의 역사를 거듭하며 자유로부터 너무 멀리 와 있기 때문이다.

사방이 벽으로 가려진 감옥에 살면서도 자유로운 사람이 있다. 반면 드넓은 들판 한 가운데에서도 포박당한 듯 옴짝달싹 하지 못하는 사람도 있다. 공초 오상순은 자유롭게 살았으면서도 죽음에 임했을 때, 넘쳐나는 자유가 오히려 자신을 자유롭지 못하게 했다고 말했다. 기독교인이던 그가 절에 가서 임종을 앞두고 깨달은 자유란 시공간의 자유가 아닌 자신이 지니고 있는 내면의 자유였다. 신을 좇아 사는 것 또한 종속된 자유라는 것을 그때 깨달았을까. 누구나 품고 있을 내면의 자유는 대상과는 상관없는 문제일 테니까. 타인의 구속은 벗어나면 되지만 자신이 스스로 만든 구속은 어찌할 수 없는 것이니까. 그래서 인간은 스스로를 구속하는 문을 닫아걸고 외로워하는 존재가 아니던가.

자유를 찾아 그 문을 만나길 열망하면서도 자유는 아주 가까이, 자신 안에 있다는 것은 쉽게 통찰하지 못한다. 자기 안의 문을 만나기가 쉽지 않기 때문이다. 그래서 마음이 자유로운 이는 이미 자신을 아는 사람이며, 아무리 큰 문턱이 앞을 막아도 자유롭게 넘나들 수 있다. 누구나 자신 안의 문은, 수 많은 문 중 단연 넘어서기 어려운 문이다. 그렇다면 내 안의 문은 어떤 크기와 어떤 모양으로 존재할까.

아침 해우소에서

근심을 푸는 공간에서는 늘 행복하다. 펴든 신문을 통해 떠들썩한 세상과 접하는 시간이기도 하다. 오늘, 제일 먼저 눈길을 끄는 기사는 전두환 씨의 비자금에 관한 내용이다. '수천억의 비자금을 3억~5억원씩 쪼개 수 백개의 가명 및 차명계좌에 넣은 뒤 평균 3개월마다 또 다른 사람 이름의 계좌로 옮기는 방식으로 돈 세탁'을 해왔다. 자신의 통장 잔고는 29만원 밖에 없어 부과된 세금을 내지 못한다던 그의 골칫거리는 어이없게도 가명 계좌 만들어 돈을 옮기는 일이었다.

나는 몸을 비워 근심을 풀어냈음에도 마음에 들어온 그 놈의 '억'자 위에 자꾸만 한 노인이 끌던 집채만한 수레가 오버랩 되어 얼른 일어나지 못하고 비비적거렸다.

며칠 전의 퇴근길, 한 노인이 수레를 끌고 빗길을 힘겹게 가로지르고 있었다. 내 앞을 지나는 수레에 실은 내용물을 보니 밟아 찌그러뜨린 캔, 우유용기, 비에 젖은 택배용 상자 등속이었다. 자신 몸의 몇 배가 되는 부피의 폐기물을 몸의 반동으로 리듬을 만들어 끌어가는 중이었다. 운전자들은 그 노인이 지나갈 때까지 기다려주었다. 누구든 그 모습을 보고 소리를 지르거나 삿대질 따위를 하지 않았던 것은 남루한 모습에서도 삶의 숙연함을 느꼈기 때문일 것이다.

우리는 개인 각각의 삶을 보편적 기준에 견주어 비교할 수 없음을 안다. 그래서 노인과 전두환 씨의 삶도 동일선상에 두고 뭐라 말할 수는 없다. 다만 수천억대의 돈을 수 백 개로 쪼개는 한 사람의 일상과 찌그러진 캔을 주워 모으는 노인의 일상을 생각하면 상대적 박탈감이 강렬하게 밀려온다. 당장은 전 씨의 부도덕성을 냉철하게 씹어대며 분노하는 것으로 끝난다 해도 생각으로, 혹은 기억 속에 각인된 지독한 박탈감은 어느 순간 튀어나와 우리의 삶을 주저앉히거나 크고 작게 영향을 미치기도 할 것이다. 그것은 전 씨가 동시대를 살아가는 우리에게 남겨준 슬프고도 아픈 덫의 일부이다.

그러나 우리의 일상은 계속된다. 노인처럼, 우리 또한 묵묵히 자신의 갈 길을 터덕터덕 걸어가고 있잖은가. 내가 살아가는 이 세계의 한 편에는 착취와 박탈감으로 인한 분노가 존재해도, 다른 한 편에는 미담과 이타적 삶을 살아가는 이들의 아름다움이 존재하듯이. 다소 허망하고 쓸쓸해도 삶이라는 배는 많은 것이 상실된 후에도 등대처럼 빛나는 불빛을 생각하며 끝없이 앞으로 나아간다. 말이 되지 않는 역사의 한가운데서도, 노인처럼 가뿐 삶을 산다해도, 살아 있는 사람들에게는 음악을 듣고 연극을 보러 가고, 가족이 돌아오는 시간에는 저녁식탁을 준비하고, 사랑하는 이와 이웃을 위해 두 손을 모으는 일상이 있다. 그것이 삶의 숭고함일 것이다.

천의 표정을 품은 우주

– 여자, 자궁, 어머니

1. 여자 예찬

'나는 누구인가'라는 존재론적인 질문을 던질 때, 그 범주를 '인간'에서 '여성'으로 한정지어, '나는 여자인가' 혹은 '나는 어머니인가'라고 물을 수 있다. 여성은 여자이기도 하고 어머니이기도 하기 때문에 당연하다. 중년을 훌쩍 넘기고, 노년의 길목에 들어선 한 지인은 '날 여자로 보지 마. 인간으로만 대해줘'라고 입버릇처럼 말했다. 그 말을 들을 때마다 내 해석은 두 가지로 나뉘곤 했다. 하나는 이제 더 이상 여자의 매력을 지니지 못하는 것에 대한 우회적인 표현이라는 것과, 다른 하나는 유독 가부장제가 심화되어 있는 이 나라의 어머니로 살다가 이제 자유를 찾아 인간선언을 한다는 생각이 들었다. 이러한 두 가지의 해석은 어쩌면 다른 둘이 아니라 같은 한 가지로 볼 수도 있겠다. 인간과 여자 사이의 경계를 넘나들다 여성적 매력이 소멸되었을 때 여자는 인간의 범주 속으로 확실하게 뛰어들 수 있지 않겠는가.

법, 제도, 관습 속에서 억압된 여성 삶에 대한 인간적 자리매김을 위해 탄생한 페미니즘의 이상도 여성이 세상을 어떻게 하는 게 아니라 남녀의 차별이 없는, 그야말로 남녀 동등한 인간적 삶이었다. 그러니 내 지인이 부르짖는 것처럼 남녀가 동등하게 '인간'으로만 예우하게 된다면 세상은 훨씬 화평할지도 모른다. 남녀의 성은 물론이고 인권, 권력, 자본의 문제 등에서 자유로워진다면 이 사회는 유토피아가 될 터이니.

나 역시 그런 세상을 소망하지만, 그럴지언정 여자 없는 세상을 상상하고 싶지는 않다. 여자가 존재함으로써 세상은 필요악을 불러오기도 하지만, 메마른 대지에 비가 내리게 하고, 생명을 싹틔워 우주의 순환에 동참하기도 한다. 나는 어떤가. 여전히 당당하게 여자이고 싶고, 여자여서 행복하고, '나는 당신이 아프다'고 말할 만큼 결핍 없는 사랑을 꿈꾼다. 그 사랑으로 내 존재를 증명하는 순간이 오게 될 것이라 믿으면서…. 참다운 여자라면 그런 소망 하나쯤은 품고 있지 않겠는가. 사랑은 유일하게 나와 타자가 같이 존재하면서 발견되는 보편적 진리의 다른 이름일 터이니. 그 뿐인가. 내 다음 세대를 이어갈 자식을 낳아 잘 키웠으니 어머니라 불리워지는 그 이름 또한 얼마나 위대한가.

스티븐 호킹과 어느 과학 잡지 기자들과의 대담 내용 중의 에피소드다. 물리학 이론에 대한 심오한 질문이 오가던 중, 한 기자가 스티븐 호킹에게 하루 중에서 무슨 생각을 가장 많이 하느냐는 질문에 그는 '여자'라고 대답했다. 뿐만 아니라 '그들은 완벽한 미스터리다'라고 덧붙였다. 그 대답이 꽤 매력적이라 생각했다.

우주의 수수께끼를 풀어낸 세기의 물리학자인 그에게 진짜 난제는 '여자'였다니. 아내를 비롯해서 그가 만난 여자들은 양자이론과 블랙홀 이론을 밝혀냈던 그에게도 해석 불가한 문제를 던지는 존재들이었다. 여자 때문에 좌절했다는 그의 고백을 접하는 순간, 나는 슬몃 미소가 지어졌다. 위대한 천재 과학자도 여자에 관한한 여느 남자와 다를 바 없다는 생각과 우주의 비밀을 푸는 데에는 신의 경지에 이르렀으면서도, 여자에 대한 암호는 풀지 못한 그의 인간적 능력에 안도했기 때문일 것이다.

자타가 공인하는 '여자'라는 단어의 복합성에 대해서는 언설로 다 표현할 수가 없다. 그 속에 내포된 수많은 함의는 천 명의 여자가 있다면 천의 표정으로나 보여줄 수 있을까. 한 예로 팜므파탈의 욕망을 가진 여자라 해도 로댕의

연인처럼 상대를 예술적 승화로 이끄는가 하면, 뒤틀린 사랑의 실현으로 자신은 물론 상대조차 파괴적인 삶으로 이끄는 경우도 있다. 그 또한 시대가 부여한 이념과 무관하지 않겠지만 굳이 표현하면 세상은 그녀들을 성녀 혹은 악녀라 불러왔다.

2. 우주의 기원-자궁

인간은 여자의 자궁에서 벗어나는 순간, 즉 어머니와의 탯줄을 끊고 나서야 역사적인 존재로 태어날 수 있다. 세상을 뒤엎고 호령하던 영웅호걸도 어머니의 자궁에서 나왔고, 가장 왜소하고 보잘 것 없는 인간도 자궁에서 탄생했다. 자궁 안에서 태어나지 않은 자는 없다. 나 또한 어머니의 자궁에서 자신의 영혼을 키우고 생을 시작했다. 여자는 한 인간의 구심력이 되는 공간, 생명을 잉태하는 생성으로서의 하나의 우주를 품고 있다. 19세기의 프랑스 화가 귀스타브 쿠르베는 자궁을 '세상의 근원'이라 이름 지어 그 모습을 그림으로 적나라하게 재현하였으니 여자에 관한한 가히 선지자라 할만하다.

자궁은 가시적이고 실질적 공간을 가지고 있지만, 그래서 육안으로 재단할 수 있지만, 마음처럼 다 보지 못하고 이해하지 못하는, 더 많은 신비를 품고 있다. 여자라면 누구나 그런 자궁을 가지고 있다. 아기집, 자궁은 한 생명을 품어 키워서 세상으로 내보내는 작은 집이다. 그래서 자궁은 한 인간의 존재의 집이고, 우주의 집이기도 하다.

자궁에 숨어있는 신비에 대해 경외심을 가지고 있는 사람도 있지만, 대부분의 현대 의사들은 과학이나 의학적 지식으로만 대한다. 그들은 자궁이 품고 있는 세계의 깊은 의미와 그 중요성 따위는 간과하고 만다. 그래서 그들에게 자궁은 병이 발생하는 장소이고, 치료해야 할 대상일 뿐이다. 중세의 히포크라테스는 자궁이 히스테리의 원인이라고 했다. 과학과 이성이 아니면 믿음이 되지 못하는 근대의 의사들은 그 주장을 근거 없다고 일축했다. 그러나 나는 최첨단의 과학이 그 위용을 뽐내는 현대에서 살고 있지만 히포크라테스의 말에 동의한다. 여자의 질병들 중에서 많은 부분이 자궁과 관련이 있다. 그것은 히스테리처럼 정신적인 것에만 영향을 미치는 게 아니라 신체적인 병에도 영향을 미친다. 내 어머니는 여자의 힘은 자궁에서 나온다고, 따뜻하게 보호하고 소중하게 여겨야 한다고 가르치셨다. 겨우 한글을 읽는 정도의 어머니였지만 저 윗대부터 이어져온 여인들의 경험에서 온 지혜로운 생각들이었다.

때로 아픈 자궁은 여성의 신체를 갉아대기도 하면서 정신을 휘청이게 한다. 여성의 근원인 자궁이 아프면 보이지 않는 마음 세계가 흔들리기도 한다. 그들의 경험담을 들어

보면, 의사들이 수술을 권하는 태도가 마치 고장 난 기계 부속 갈아치우자는 듯 했단다. 그럴 때 나는 이렇게 대답하고 싶다. '당신들도 여자의 자궁을 통해 세상에 나왔지요? 당신을 증언하는 기원의 장소를 메스로 도려내자는 말이 그렇게 쉽게 나와요?'라고. 직업적인 시선 앞에서 몸이 드러내는 섬세한 메시지 따위는 경계해야할 덕목일 것임을 잘 알면서도 … .

어느 것으로도 채워질 수 없는 인간의 허기와 공복감은 탯줄이 끊겨진 때로부터 비롯되는 것이고, 남성보다 여성이 생에 대한 깊은 동공을 감지하는 이유는 생산하는 자궁을 가진 존재이기 때문이라는 것을 우리는 간과하며 살아간다.

3. 모성의 변화

어머니와 나도, 나와 내 딸도 자궁을 기원 삼는 여자이다. 그래선지 아들보다는 딸들과 잔정을 더 많이 나누며 인간적 동질성도 더 많이 느낀다. 아들은 그저 제 할 일 잘하며 듬직하게 서 있어주는 버팀목으로 생각된다면, 딸에게는 좋아하는 커피도 나눠주고, 예쁜 장갑이 있으면 사주고 싶고, 봄날 새싹 돋는 공원을 걷다 가슴이 두근거린다는 감정도 전하곤 한다. 사람끼리 주고받는 온기가 여자들이기에 훨씬 섬세하게 작용하는 것일까.

그러나 내 어머니는 그 시대의 보편적인 모성을 가진 분이었다. 당신의 일생을 자식 키우는데 훨씬 더 많은 세월을 할애하신 분이다. 어찌보면 스스로 원해서 선택한 길이라 하겠지만, 그것이 자신의 삶인 줄 알도록 그 시대의 가부장적 전통이, 이어받은 관습과 교육과 그 시대의 사고가 어머니를 그렇게 이끌었다. 그렇게 사시면서도 어머니가 행복했다면 아무런 문제는 없다.

철저하게 그러한 전통과 한 몸으로 사신 어머니는 자식 교육도 아들과 딸을 구분해서 다르게 하셨다. 아들은 당신 집안의 같은 성씨를 이어갈 영원한 자식이고, 딸은 출가외인이 되면 그 집안사람이 아니었다. 그래서 아들들의 교육엔 당신의 피라도 팔아서 감당해줄 의지를 보였다면, 딸에겐 그런 생각이 전혀 없었다. 내 교육을 위해 어떤 관심도 보이지 않으신 걸로 보아 내 생각이 틀리진 않다.

내 스스로 생을 살고 공부를 한 나는 자식에 대해 어머니와는 다른 시각을 가지고 있다. 누가 틀리고 맞다고는 생각하지 않는다. 누구든 그가 처한 환경과 여건이 다르고, 중요하게 생각하는 것이 다를 뿐이지 옳고 그른 문제는 아니라 여긴다. 다만 내 기억 속에는 어머니와 같이 따스하게 소통한 경험이 들어있지 못하다는 것, 그로 인해 인간적 아픔이나 옅은 슬픔이 조금 있기는 하지만 인생이 무엇인지 조금씩 알아가는 이즈음엔 그도 그럴 수 있겠다는 여유가 생겼다. 이제 깨닫는 것은, 어머니도 여자였음을 일찍 알았더라면, 어머니를 훨씬 빨리, 많이 이해했을 거라는 생각이다. 누구든 같은 입장에 서보지 않으면 완벽하게 안다 할 수 없겠다.

내 딸들과 나, 나와 어머니, 여자와 모성 사이에서 자식은 본능적으로 어머니를 여자로 대하지 않으려 한다. 어머니는 무조건 어머니이길 바라는 것이다. 자식의 이기성이다. 나 역시 그렇게 생각하는 시간이 훨씬 많았다. 그러나 어머니를 한 사람의 여자로 생각하는 순간 어머니에 대해 이해하게 되고, 애증의 기억들도 용해가 되곤 한다. 내 어머니도 한 여자이고 한 사람임을 잊지 않는다면 여성 스스로 상처주고 상처 받는 일은 훨씬 줄어들 것 같다

프랑스의 위대한 왕비의 마지막을 장식한 마리 앙뚜아네뜨는 단두대에서 처형될 때 이렇게 말했다던가. 내 목은 벨지언정 머리카락 한 올도 건드리지 말라. 화려한 궁중생활의 희생양이 된 어린 왕비였지만 여자의 자존감을 이렇게 명쾌하게 드러낸 말이 또 있을까. 이 말을 들은 스티븐 호킹의 반응은 어떨까. 오호! 난제로다. 내 어머니 또한 마리 앙뚜아네뜨처럼 당당한 여자로 산 시간이 있었을 것이다. 다만 내가 모를 뿐이다.

한 여성의 삶에서 여자와 어머니는 구분지어 말할 수 있

으면서도 분명하게 나눠서 살아가긴 어렵다. 여자인가 하면 어머니이고, 모성인가 하면 그 안에 여자도 함께 공존하고 있기 때문이다. 그래서 여성은 이해 불가한 존재일 수도 있다. 만약 호킹이 여자를 한 마디로 규정지었다면 그의 어리석음에 탄식했을 것이다. 그는 역시 천재다웠다. 여자는 우주를 품기도 하지만 때론 한 줌의 티끌도 품지 않는 존재이기도 하니.

호랭이 물어갈 인간

타고 난 성격 탓인지, 느긋한 인생관 때문인지 그 이유를 정확히 짚을 순 없지만 나는 대부분의 일을 빨리 해내지 못한다. 그 느린 습관은 어린 시절부터였지 싶다. 바쁜 농번기 철이 되면 어머니는 새벽부터 일어나 정지에서 채전으로, 우물가로 달려다니셨다. 그 와중에도 나는 측간에 가 앉으면 들고 있던 종이쪽의 글씨들을 닳도록 읽고, 흙벽 사이로 새어 들어오는 햇기운을 잡아 갖고 놀거나, 떠다니는 먼지들을 움켜쥐다가 어머니의 고함소리를 듣고서야 엉덩이를 들어 냄새나는 그곳을 나오곤 했다. 그런 나를 본 어머니의 일갈은 한결같았다. "이 호랭이 물어갈 놈의 가시내야, 똥 집어먹고 자빠졌냐?"

오늘도 그랬다. 새해 들어 수업계획서를 작성하고 몇 가지 서류를 만들어 학교에 다녀오는 길이었다. 그것도 마감일에 간신히 맞춰 들이밀고 안도의 한숨을 쉬며 느긋하게 집으로 향했다. 일상이라는 생활 리듬이 그렇듯, 정해진 기간에 맞춰 급한 일들을 해결하고 다소 시간이 여유로워지면 밀어뒀던 일들이 하고 싶어진다. 비디오 보기, 책상 위에 쌓아둔 밀린 책 보기, 그리고 내 일 처리하느라 며칠 간 가족들에게 소홀한 미안함을 상계하기 위해 시장 보기 등속이었다. 먼저 비디오 가게에 들러 '우리들의 행복한 시간'과 '가족의 탄생'을 빌렸다. 과연 우리들의 행복한 시간은 어떤 시간이며, 새로운 가족은 어떻게 탄생되는지 미리 상상하며 가게 밖으로 나왔을 때였다.

"아이고, 이 호랭이 물어갈 년아! 언제 다 팔라고 그러냐. 대충대충 퍼줘."

짧은 겨울 해가 지고 의뭉스런 어둠이 내색 없이 스며드는 저녁 시간이었다. 길가에 좌판을 펴고 앉아있던 아낙네들도 나머지 물건들을 떨이로 팔고 서서히 일어서서 집으로 달음박질 할 때가 된 것이다. 거칠 것 없이 소리치는 오십대의 여자는 제 물건 떨이로 팔 손님 잡으랴, 옆에 있는 리어카에 실린 생선도 팔랴 이리저리 오가며 분주했다. 그 광경이 시선을 붙잡아맨 것은 무엇 때문이었을까?

가까이 다가가 들여다보니 리어카엔 갈치와 황석어와 생태가 절반도 팔리지 않은 채 남아 있었다. 걸걸한 목소리로 외치던 여자는 나를 보자 만원에 세 마리 팔던 갈치를 네 마리 주겠단다. 가족이 좋아하는 갈치이니 그걸 사고 싶긴 하나 크기가 작아서 선뜻 내키지 않았다. 구이를 하려면 좀 더 큰 것이어야 했다. 더구나 갈치는 싱싱하지 않아 내장이 삐져나온 것들이 많았다. 여자의 태도로 보아 갈치를 손질해줄 것 같지도 않았다. 순간, 번거롭다는 생각이 들었다. 몇 걸음만 옮기면 잘 손질된 갈치를 살 수 있을 거란 생각에 돌아서려 했다. 그때였다. "이 호랭이 물어갈 년아, 어쩌자고 대낮부터 술을 퍼먹고 그려. 이것 오늘 못 팔면 어쩐다냐." 무엇이 나를 붙들었을까. 여자의 푸념이 끝나기가 무섭게 나도 말했다.

"아줌마, 갈치 주세요. 근데 토막 좀 내주세요.", "오메 어쩔거나. 저것이 칼질이나 헐 수 있을랑가 몰라. 아야, 어서 와서 이것 좀 손질해라." 여자는 망설이던 내가 그냥 돌아설까봐 조바심치는 눈치였다. 갈치 네 마리를 집어 주인으로 보이는 젊은 아낙 앞으로 던졌다. 어둠에 가려 표정을 알 수 없던 아낙이 도마를 꺼내며 휘청거렸다. 피식, 흔들리는 자신의 몸에 자조적인 웃음을 흘리는 아낙의 얼굴을 그때서야 쳐다보았다. 서른 초반의 나이. 도마는 오늘 한 번도 사용하지 않은 것처럼 깨끗했다. 굼뜬 동작으로 아낙이 그 위에 갈치를 올려놓았다. 길이가 긴 갈치는 좀체로 반듯하게 놓이질 않았고, 갈치 네 마리를 도마에 올려놓고 가지런히 잡아보려는 아낙은 자꾸 헛손질을 해댔다.

"저러다 손을 베면 어쩌죠?" 나는 걱정이 되면서도 그냥 가져가겠다는 소리는 선뜻 나오지 않았다. "젊은 것이 오죽 허면 대낮부터 저렇게 술을 먹었을 것이요잉?" 여자가 미안한 듯이 내게 아낙의 상황을 이해시키려 했다. "술, 마실 수도 있지요. 너무 야단치지 마세요." 그리고 그 다음 말들은 내 목울대로 삼켜버렸다. 어느 시인의 시 한 구절같이 잡지의 표지처럼 통속한 게 인생이라고 말해버리면 서른 초반의 여자에겐 너무 가혹한 것이겠지. "그렇지요? 술 마실 수도 있지요잉? 에이 한 마리 더 줘." 아낙이 혀 꼬부라진 소리로 말했다. 한순간일망정 내 마음을 그녀가 읽어서였을까. 자신을 이해해주는 내 말 한 마디에 헛손질하던 아낙은 원군을 얻은 듯한 기분인지 갈치를 한 마리 더 얹어주었다. 더 준다는 걸 뿌리치지 못하고 속없이 나는 갈치 다섯 마리를 들고 집으로 돌아왔다.

저녁 준비를 하며 갈치를 다시 다듬었다. 갈치는 내장이 삐져나오기도 하고, 크기도 일정하지 않았으며 칼자국은 한없이 비뚤어져 있었다. 그것들을 하나하나 씻으며 나는 아낙의 마음을, 그녀의 어깨에 얹힌 생활의 무게를 만지는 것 같아 매우 후회스러웠다. 어차피 집에 와서 손질할 것이라면 까탈 부리지 말고 그냥 가져올 걸. '네가 호랭이 물어갈 인간이다.' 누군들 그런 순간 없이 완벽하게 살아갈까마는 내 앞에서 헛손질하며 느꼈을 젊은 아낙의 비애스러움을 생각했다. 산다는 것은, 때로 취하기도 하고 비틀거리기도 하고, 헛손질이 잦기도 하는 남루한 것이기도 하지만 그래도 오늘밤은 젊은 아낙의 헛손질이 자꾸 눈에 밟혀 쉬이 잠들지 못할 것 같다.

그대들, 언제 오시려나

오늘 완도의 바다는 예사롭지 않았다. 내가 도착할 무렵에는 태양이 높이 솟아올랐는데도 해무는 물러날 기세가 아니었다. 바람이 불 때마다 저만치 떨어져 있는 작은 섬들은 해무의 움직임에 따라 모습을 드러냈다 숨기를 반복하며, 작고 작은 인간인 나를 사로잡았다. 그 기묘함에 빠져 나는 꿈속의 세상에 있는 것 같은 착각에 빠져들었다. 안내를 시작하는 아나운서의 마이크 소리가 나를 깨워주지 않았다면 나는 바다의 이끌림 속에 빠져 유영하고 있었을 것이다.

늠름한 해무가 일렁이는 바다를 향해 설치된 단 위에는 온화한 표정의 용왕이 탱화 속에서 우리를 맞아 주었다. 저토록 평화로움을 품은 용왕님은 왜 그들을 지켜주지 않았을까. 천수경과 용왕을 불러들이는 간단한 의식을 마친 뒤, 나도 줄 지어 서서 나눠 받은 물고기 몇 마리를 바다에 돌려보냈다. 너른 바다로 가서 잘 살다가 수명 다 하면 부디 상품상생하길 기원하면서. 그리고 이 언저리 어디쯤에 떠돌 영혼들에게도 극락왕생을 염원해 주었다. 이 제례의식에 참여한 수많은 사람들이 방생을 하는 동안 인간문화재인 태고종의 영산제 보유자들이 나와 본격적인 용왕제 의식을 진행하였다.

오늘로 세월호 사건은 3주기를 맞았다. 그래서는 안 되는 일이 일어나고, 망연자실의 시간이 3년이나 지나는 동안 유가족의 가슴은 천 갈래로 찢겨나갔을 텐데, 그 과정을 지켜봐 온 우리는 얼마나 달라졌을까. 나는 오늘만큼이라도 그들과 함께 하고 싶어 오전엔 완도의 천도제에 참여하고, 오후엔 세월호가 누워있는 목포 신안 항에 찾아왔다. 이곳의 벚나무엔 벌써 꽃 진 자리에 푸른 잎이 돋는 중이었다. 꽃과 잎이 한 자리에서 만날 수 없는 것처럼, 이제 영원히 떠난 영혼들과 유가족 또한 육신으로는 만날 수 없으리라. 영원한 것은 없다 하지만 이곳에 오니 스러지는 것에 대한 슬픔이 먹먹하게 깊어진다. 유가족의 아픈 실존 앞에서 초월을 지향하는 내 존재론은 하릴없이 무색해지고 만다.

차에서 내리니 저 앞에 흉물스러운 모습으로 나자빠져 있는 세월호가 눈에 들어왔다. 밑창이 드러나 녹슨 철빔이

너덜거리는 배는, 한 시대의 허상이 무너져버린 거대한 폐허처럼 느껴졌다. 가장 가까이서 볼 수 있는 직선거리에는 사람들이 모여 한없이 초라해진 그 배를 보고 있었다. 나도 그들 틈에 서서 이 나라의 현실을 인식시켜주는 표상이 된 세월호를 한참 동안 바라보았다. 그저 고요히 응시하는 것만으로도 가슴 깊숙이서 아픔이 올라온다. 사소한 방심들이 쌓여 돌이킬 수 없는 슬픔을 만들었다는 생각에. 삶은 견딜 수 없이 무의미한 우연의 장난으로 지속되는 것인가라는 허망함에. 더 이상의 감정 이입을 하지 않으려 시선을 옮겨 앞으로 나아갔다.

안쪽으로 조금 걸어가자 용왕제와 천도제를 마치고 완도에서 이동한 불자들이 아직 돌아오지 못한 아홉 영령들의 사진 앞에 모여 합장하고 서 있다. 나도 그들 속으로 들어가 반야심경을 함께 봉독하였다. 아제아제 바라아제 바라승아제 모지사바하. 합장하는 순간부터 솟구치던 눈물이 옷깃으로 투두둑 떨어졌다.

"그렇게 눈물이 많으면 아픈 이야기는 못 듣겠는데요?"

주체할 수 없을 정도로 쏟아지는 눈물 때문에 내가 조금 계면쩍어 하자 옆에 있던 지인이 말했다.

"다른 것은 그렇지 않은데, 유독 세월호에 대해서만 그래요. 같은 시대를 산 사람으로서의 미안함과 부끄러움 때문에……."

"우리 모두의 책임이고 빚이기도 하니까요."

지인과 나는 광장을 향해 묵묵히 걸었다. 말없이 드러누워 있는 세월호는 철망과 그물이 담장처럼 경계 지어 격리시켰다. 길 양 옆으로 늘어선 현수막과 나무들, 철망엔 수없이 많은 노란 리본이 바람에 떨고 있어 희생자들의 모습처럼 애처로웠다. 광장엔 유가족들이 순서를 바꿔가며 그동안 자신이 경험해온 이야기들을 들려주었고, 자리를 펴고 앉아 그들의 이야기를 듣고 있는 사람들의 표정은 진지했다. 그 자리에 참여해서 고통스러운 사람의 이야기를 들어주는 것, 그 배려가 유가족에게 진실을 향해 항전할 수 있는 힘과 희망을 주는 것이리라.

돌아나오는 길, 후원금 모금함에 내 작은 마음을 넣으면서도 나는 미안했다. 이곳에 오면 누구나 그럴 것이다. 한없이 썩어 문드러진 우리 사회 곳곳의 문제를 적나라하게 보여준 세월호! 더 큰 자괴감은 그러한 세월호가 아닌 곳이 거의 없다는 점 때문이다. 우리는 모두 풍랑에 흔들리는 세월호에 탄 사람들 아니겠는가. 희생당한 그들의 자리에 내가 있을 수도 있고, 우리가 있을 수도 있기 때문에 그것은 괴로운 자화상이다. 한 차례 지나가는 바람에 실려 온 여린 벚꽃잎 하나가 앞에 가는 사람의 머리에 내려앉는다. 우리들 마음속엔 아직 봄이 오지 않았는데 꽃이 진다. 우리는 언제쯤이면 다시 돌아올 꽃을 마중할 수 있게 될까.

느릿하게 걷다가 한적한 천막 안에 누군가 접어놓은 노란 배를 보았다. 작고 어여쁜 종이 돛단배 하나. 이제 그냥 노란색 돛단배가 아닌 3년 전 수많은 사람을 태우고 허망하게 가라앉아 버린 세월호다. 그곳의 승객들은 갑판 밖으로 나가지도 못하고, 살기 위한 여린 날갯짓 한 번 해보지 못한 채로 스러졌지만, 이제 그들은 봄날의 꽃보라 속에서도 자유자재로 날 수 있는 단단한 영혼이 되었을 테다. '저 배를 타고 희생자들이 되돌아올 수 있다면 얼마나 좋을까.' 부질없는 희망인 줄 알면서도 나는 잠깐의 봄꿈을 외면하지 못한다.

메고 왔던 낡은 가방에서 노란 리본을 떼어 돌아오지 못한 영령 사진이 있는 현수막 한쪽에 놓아주었다. 노란 나비 한 마리가 바람에 팔랑거리다 봄 햇볕 속으로 사라진다. 아직 수줍고 여려보여서 더 아픈 소녀의 얼굴을 바라보며 나는 속삭인다. 이제 우리가 할 테니, 아이들아, 네들은 쉬려므나. 시간이 흘러 우리 사회가 변화하고, 세상 곳곳에 떠다니는 희망이 보인다면 그것은 윤리의 빛으로 찬란하게 돌아온 그대들임을 결코 잊지 않을 것이다.

잠시 에덴동산에 다녀오다

주말 아침, 나는 그와 식탁에서 단풍으로 물든 산을 보며 가을이 주는 정취에 대해 감탄사를 주고받았고, 아침 뉴스를 통해 들려오는 하수상한 시절 이야기를 짧게 나누었다. 오후엔 그가 문상을 가야 하는데 정작 가고 싶지는 않은지, 이런 저런 핑계를 댈 때 나는 혼잣말처럼 뇌었다. '이왕 갈 거면 그냥 가지, 왜 저리 변명을 늘어놓을까?' 동시에 그와 나는 침묵하지 못하고 제 멋대로 움직이는 혀에게 자신을 내준 것에 대해 후회했다. 어찌 보면 생각과 말은 한 몸의 다른 기관일 뿐이다. 그럼에도 우리는 가끔 말을 앞세우다 진짜 소중한 것을 잃거나 예를 다하지 못하는 우를 범한다. 입으로, 혀로 뱉어내는 말 속에 진짜의 내가 가치 없게 낭비되고 스스로의 함정에 매몰된다는 사실을 알지 못한 채로.

일교차가 커지자 감기에 걸린 후, 시간이 꽤 지났는데도 코와 혀의 기능이 제대로 돌아오지 않았다. 몸을 쉬게 하지 못하는 습관 탓에 아프다고 신음하는 자신을 제대로 돌보지 않아서일 것이다. 요즘엔 냄새에도 둔감해지고 음식 맛도 예전 같지 않아 감각 작용이 퇴화해가는 자신을 감지하고 있는 중이었다.

어젯밤 남편에게 입맛이 쓰고 음식 맛을 잘 모르겠다고 했더니 그는 오장육부 중 어느 기능이 약해져서 그렇다고 내게 혀를 내밀어 보라 했다. 서당개 3년이면 풍월을 읊는다고, 그는 한동안 침과 뜸 공부를 열심히 하더니 이제 내 주치의 노릇을 곧잘 한다. 나는 피식 웃으며 그가 내민 손거울을 집어들었다. 그는 거울에 비친 내 혀를 이리 돌려봐라 저리 내밀어봐라 하며 진지하게 들여다보았다. 건강한 자신의 혀를 내밀어 내 혀와 비교해 보여주며 이렇게 선명할수록 건강하다고 자랑까지 해대면서.

나는 그가 시키는대로 따라하다가 불현 듯 기분이 묘해졌다. 그의 혀와 내 혀를 비교하며 이쪽저쪽을 보다 보니 어느 것이 내 것이고 어느 것이 그의 것인지 구분이 어려워졌다. 작은 거울에 혀만 비추다보니 그곳엔 얼굴은 없고 혀만 있었기 때문이다. 이리저리 움직이는 혀는 모습을 바꿔 하나에서 둘로 셋으로, 그리고 수많은 혀로 둔갑하였다. 아찔해진 나는 고개를 흔들어 착시현상에서 현실로 돌아왔다. 내 입 속에 저토록 많은 혓바닥이 숨어 있었다니!

아직 진단이 미진했던지 그가 더 자세히 보자고 내게 다가앉았지만 나는 입을 다물고 거울을 얼른 내려놓았다. 더는 그것을 들여다보고 싶지 않았다. 왜 그랬을까. 영문을 모르는 그는 이해할 수 없다는 표정으로 고개를 갸웃거렸다. 내가 변덕을 부린다고 생각한 모양이다.

내 혀가 움직일 때마다 꿈틀대는 모습이 그토록 생경하게 보일 줄이야. 처음 보는 것도 아닌데 그 낯섦의 이유는 어디에 있는 것일까. 혀가 있음으로 해서 지금까지 내 삶을 유지하게 해주고 내 존재를 드러내게 해주던 나의 일부 아니던가. 한참 생각을 더듬다 나는 내 혀가 이물스러웠던 이유를 찾았다. 꼬물꼬물 움직이는 혀는 이브를 꼬드겼던 에덴동산의 뱀의 이미지와 겹쳐 있었다. 그래서 나는 무의식적으로 소스라치게 놀랐던 모양이다. 이 뜬금없는 연상 작용에 적잖이 당혹스러워 나는 혼자 실소를 날렸다.

이브를 꼬인 신화 속, 창세기의 뱀의 혀가 사람의 혀로 비유화 된 경우는 허다하게 많다. 그 때 뱀으로 상징화된 혀는 미혹으로 이끄는 유혹하는 존재로서의 혀이다. 그러한 예는 문학작품에서는 물론 영화나 그림 등 예술의 영역에서 자주 차용되어 우리는 알게 모르게 뱀에 대한 이미지를 징그러운 형상, 유혹하는 혀로 교육받아 관념으로 굳어졌다. 그렇지만 나는 한 번도 내 혀를 그에 대비시켜 생각해 보지 않았으니 방금 일어난 현상에 대해 호들갑을 떨 수밖에.

내친김에 잠깐 에덴동산의 기억을 더듬어보자. 뱀은 창세기 이전부터 존재하는 자연(신화)이었고 지금도 자연적 존재다. 창세기보다 오래된 여러 신화들을 통해 보면, 뱀은 나무와 같이 인류가 탄생하기 이전부터 존재했었고, 문명이 생기기 이전에는 뱀 신앙을 가진 종족도 있다. 그러한 뱀을 창세기에서는 이브를 꼬드겨 선악과를 따 먹게 하여 인류의 원죄를 탄생시키는 사악한 존재로 등장시킨다. 이브가 선악과를 먹고 자아의식을 갖게 되면서 인류는 에덴동산에서 쫓겨나고 낙원은 불태워 사라져버렸다. 이때부터 남자는 노역을 감당해야 하고 여자는 아이를 낳는 고통을 감내해야 했다. 하나님은 두 사람에게 공평한 벌을 내리셨다. 그런데 우리는, 헤브라이즘 문화에서는 왜 선악과를 따 먹은 책임을 이브에게만 전가해 왔을까? 아담이 선악과를 먹는 이브를 제지한 흔적은 어디에도 없다. 이름 하여 미필적 고의. 직접 나서지는 않았으나 선악과를 먹는 이브와 같은 마음이라는 것. 이쯤 되면 우리는 에덴동산의 선악과 사건을 '신화적 비방'이라고 해야 하지 않는가? 창세기 신화에는 이미 가부장적 시선이 담겨있었던 것이므로.

나 역시 그러한 제도권에서 교육을 받고 자라왔으며, 그렇게 형성된 내 관념은 혀를 뱀으로 환치시켰던 모양이다.

지식으로 안다는 것은 때로 자연 상태로의 본질을 거부하거나 부정하는 모순을 품고 있기도 한다. 어젯밤 내 혀를 보며 나는 에덴동산까지 소급해 이브의 후예를 만났다. 아름답든 추하든 어떤 상황이 새로운 모습으로 왔을 때는 분명 내게 전하는 메시지가 있을 것이다. 새삼 나를 진저리치게 한 내 혀의 전언은 모든 맛의 감각을 제대로 인식하라는, 깨어있으라는 메시지였을까. 그리하여 내가 가진 관념의 탈을 벗어던지고 대상이 지닌 본래의 참뜻을 보고 맛볼 줄 알라는 깨우침.

새롭게 깨어나거나 새로운 무엇을 인식하는 것은 극단적 동경에서 극단적 혐오나 환멸로 추락할 때 얻어지는 선물이기도 할 터이다.

직소폭포

내 나이 열 넷, 산벚꽃이 아름다운 봄날에 직소폭포와 처음 만났다.

전깃불 대신 희미한 등잔불 밑에서 전설 따라 삼천리에도 자신을 몰입시키던 순박한 소녀였을 때였다. 그 폭포를 보며 상상한 것은, 전설 속의 인물인 한 많은 여자와 그 용소에서 죽은 남자들이었으며, 전해오는 이야기처럼 열 두 타래의 실을 풀어 그 깊이를 알아보고 싶어했다. 그 때의 내게 폭포는 전설을 품은 자연의 일부였다.

내 나이 스물 셋, 녹색 이파리들의 광합성이 한창일 때, 직소폭포와 두 번째 만났다. 그 때 내 옆에는 신록같이 푸르른 한 남자가 있었다. 자연과 사람과 그들이 꾸는 꿈까지 초록빛이었을 때의 직소폭포는 자신만만하게 내달리는 일

직선의 물줄기였다. 한 인간에게 향하는 감정이 직선적이던 시절, 내 삶도 직소폭포처럼 힘차게 흘러갈 것으로 믿었다. 누군들 굴곡진 생을 원할까마는 그 굽이가 나를 휘돌아갈 것이라는 상상은 할 수 없던 시절이었다.

내 나이 서른 둘, 여름이 가는 길목에서 직소폭포와 세 번째 만났다. 뜬구름 잡기로 작정한 것도 아니건만 자신을 믿으라는 남자를 따라 서울행 고속버스를 탄 지 1년만의 일이었다. 웃음소리 잔잔하게 배어나던 작은 둥지마저 물보라처럼 날려버려 춥고 서러운 모습이었어도, 줄기차게 흘러내리는 폭포를 흉내내보자는 용기는 남아있을 때였다. 그때에도 나는 현상적인 것들에서 한 발짝 물러서 있지 못했다.

내 나이 마흔 셋, 선홍빛 단풍으로 산하가 아름답게 채색될 때, 직소폭포와 네 번째 만났다. 이제는 슬픈 여인의 전설을 믿는 순수도 퇴색되고, 폭포가 주는 거침없는 내달림도 없을 뿐더러, 세상사에 주눅이 들면 툭툭 털고 일어날 용기도 퇴색되어 버렸다. 그런데도 슬프지 않는 건 왜일까. 수 천년 동안 반듯하고 장엄하게 흘러내리는 폭포의 원류보다는 굽이진 작은 길을 흘러가는 지류의 아름다움을 보아서일까. 굽고 숨겨진 줄기를 따라 조용하고 여유롭게 흐르는 작은 물줄기에 더 많은 눈길을 주면서 하는 생각, 고인 물도 혼탁하지만 직선으로 흘러가는 성급한 물도 스스로를 맑힐 수는 없겠다는 ……. 여유를 부리며 굽이굽이 돌아가는 물이 산소를 흡수해서 스스로를 정화할 수 있음을 언제부터 깨닫게 되었던가.

2부

발자국

반쪽의 영혼을 찾아서

나는 왜 글을 쓰는가

어둠 짙어질수록 더욱 빛나지

행복이 가득한 방

쇼걸과 나르시시즘

배설에 관한 단상

봄, 바람결에

발자국

겨울

12월, 첫눈이 탐스럽게 쏟아진다.

예기치 않은 선물을 받는 느낌이 이럴까. 거실에 앉아 내년에는 풍년이 들겠구나 하고 혼잣말을 한다. 그러면서 피식 웃는다. 옛사랑을 떠올린다면 모를까, 첫눈을 보며 풍년을 읊조리다니. 연륜은 사람을 느슨하고 둔하게 만들기도 하지만 조금은 따뜻하고 이타적인 면모를 갖게 하기도 한다는 생각에서다. 언제부턴가 가뭄이 들면 싹을 틔우고 제 몸을 키울 생명을 염려하고, 날씨가 더워지면 연료를 연소시키며 오염될 환경을 생각하고, 기온이 내려가면 지하도에서 신문을 덮고 자는 노숙자를 생각하게 된다.

내 자리, 작은 책상이 놓인 거실 한 쪽에 앉아 앞산을 바라본다. 한 지인이 그 산의 능선이 하도 예뻐 이사하게 되었다는 수려한 산이다. 황진이의 눈썹이 저리도 고왔을까. 아니 서정주의 '동천'을 품은 산이다. 도로를 사이에 두고 시야에 들어오는 산과 나무가 흰 눈과 어우러져 아름다운 풍경을 만든다. 행여 그 사이 눈이 쌓였을라 창밖을 보니 눈은 자취도 없다. 세상의 열기가 모두 흡수해버린 탓이다. 하늘에서 내려오는 나비 같은 흰 눈은 땅에 떨어지는 순간 사르르 녹아 스며든다. 굳이 발자국을 남기려 앙탈부리지도 않는다. 욕심이 없으니 미련도 원망도 없다. 베란다 가까이 서서, 무등산에서부터 흘러내려오는 개울물을 보니 하아, 그 새 많이 불어 있다. 저 순백색의 눈은 이미 알고 있었던 게다. 자신의 존재가 땅 속으로 스며드는 일은 영원한 소멸이 아니라는 것을. 내일 아침에는 더 많은 왜가리를 볼 수 있겠다는 기대에 나는 덩달아 행복하다.

가을

10월, 소멸하는 것들은 모두 아름답다.

산길을 걷고 있는데 미풍에 제 몸을 싣고 날아와 사뿐히 내려앉는 단풍잎이 곱다. 아니 예쁘다. 제 스스로 와야 할 때 오고, 가야 할 때 갈 줄을 알기 때문이다. 사람이 그렇고 자연이 그렇고, 생명 있는 모든 것들이 그렇다. 생의 마지막 순간은 사람을 비롯하여 모든 것들에게 존재한다. 소멸의 순간이 있기에 생명체의 아름다움 또한 존재할 것이다. 변화하고 유한한 것, 그래서 욕심껏 자신을 뽐내거나 돋보이려 최선을 다해 살아내지 않던가. 그리고 난 후 스스로의 생을 깔끔하게 미련 없이 놓을 때, 그러한 생을 보낸 자연에게, 사람들에게 우리는 존경의 눈빛을 보낸다.

늦가을, 산장에서부터 규봉암을 휘돌아 장불재를 경유하니 무등산 등허리를 한 바퀴 돌게 되었다. 선홍빛의 단풍과 암갈색의 나무들을 보며 가을의 발자국을 따라가 보았다. 떨어진 나뭇잎 자리에는 새봄에 움틀 생명의 터가 자리 잡고 있으리. 소멸의 순간은 재생의 순간을 위해 존재하나니. 그 깊고 오묘한 한 수레바퀴가 어찌 슬픔이나 기쁨, 아름다움 따위의 빈약한 언어들로 표현될 수 있을 것인가. 그저 작은 생각 하나를 넌지시 남기려 했을 뿐.

여름

8월, 무성한 것들은 소용돌이를 일으킨다.

그래서 한여름 숲 속에 들어서면 현기증이 인다. 나무들이 혼신을 다해 내뿜는 정열의 에너지가 숨막히게 한다. 그것은 여름 생물들이 주는 메시지를 읽는 자에게만 가능한 숨가쁨이다. 충만함을 온몸으로 받을 줄 아는 자의 특권이다. 날숨과 들숨을 반복하며 폐부 깊은 곳까지 스며든 여름 냄새를 맡는다. 여름 냄새, 그것은 열정이다. 산하 어디를 둘러봐도 짙푸른 성숙함이다. 그 성숙은 완숙의 과정을 거쳐 미래의 소멸 단계와 연결된다.

'가을'에서 소멸하는 것은 아름답다고 하였다. 그 아름다운 이유 중의 또 한 가지는 여름의 열정에 있다. 살아있는 동안 혼신의 열정을 사르는 시기가 여름이기 때문이다. 대나무가 꽃을 피우고 죽음을 맞이하듯, 사마귀가 혼신을 다한 교미 끝에 자신의 존재를 암컷에게 전이시키고 죽음을 맞이하듯, 소멸의 순간 전에는 생의 꼭지점이 존재한다. 사람의 변이 과정은 서서히 진행되어 우리는 가시적으로 느끼지 못하지만 인생도 어느 지점에 절정의 시간들이 존재한다. 이 무성한 시기의 생명은 나이테를 만든다. 생의, 살아있는 날의 흔적을 남기는 것이다. 존재에의 흔적을 생성하는 일, 여름의 발자국이다.

봄

5월, 환희의 순간들이다.

생명 가진 만물이 용트림을 시작하고도 두어 달이 지났다. 그 사이 가슴속까지 화안하게 밝혀주던 개나리가 지고, 열정을 수줍게 태우던 진달래도 졌다. 온전한 몸을 지키지 못하고 상처 난 몸체를 보이느니 차라리 요절하고 말겠다는 듯, 뚝뚝 꽃잎을 떨어뜨리는 자목련도 미련없이 한 생을 다하였다. 추월산의 산벚꽃은 만월의 호수를 보는 것처럼 혼몽하게 했다. 그 즈음, 늦봄의 햇살까지 가세해 세상은 나른한 마술에 빠져들었다. 그렇게 아름다움 천지인 세상에서 지상에 발 딛고 서 있느라 나는 필사적이었다. 봄은 그렇게 제 발자취를 빠짐없이 재현했다.

5월의 마지막 수요일이었던가. 전 날 비가 와서 세상의 모든 것들이 말끔하게 제 모습을 정리했다. 학교 뒷산의 소나무들은 한층 더 짙푸르러졌다. 오후까지 수업을 하고 지친 몸으로 터벅터벅 걸어 주차장에 도착했다. 긴긴 봄 해는 서산에 걸려 있었지만 아직 그 기운이 창창해 나는 두 눈을 찡그리며 구석에 두었던 차를 찾아 리모콘을 작동시켰다. 차를 향해 걸으면서 보니 차는 온통 누런 먼지를 뒤집어쓰고 있다. 매스컴에서 보던 꽃가루 세례를 야무지게 받았다는 생각으로 피식 웃음이 나왔다.

그러나 다음 순간, 환희였다. 누가 그렸을까, 저 아름다운 그림을. 어쩌면 그리도 앙증스런 자취를 남겼는지 아하, 하고 탄성이 절로 흘러나왔다. 누가 그리도 오종종한 발자취를 만들 수 있을까. 하루 종일 노오란 송홧가루를 뒤집어쓴 차체에 참새 두세 마리가 내려와 잠시 노닐다 간 모습이었다. 노란 물감 위에 찍힌 그 발자국은 사랑하는 이를 앞에 두고 너무 황망하여 종종거린 모습도 아니었고, 너무 점잖아서 앙큼 떠느라 제 모습을 보여주지 못한 못난 모습이지도 않았다. 적절히 사랑하고 아쉬움을 남긴 채 날아간 참

새의 발자국. 사랑스러운 봄의 발자국이었다. 그야말로 조화를 아는 새들의 조홧속이었다. 노란 송홧가루 위에 새긴 새들의 발자국, 봄의 발자취에 홀려 나는 현기증이 일었다.

반쪽의 영혼을 찾아서

- 계면쩍고 어긋난 세 개의 에피소드

1.

휘영청 밝은 달빛 탓인가. 뒤척이다 눈을 떠보니 유리창 가득 쏟아지는 9월의 상현달빛이 신비롭다. 달빛 아래 나무의 그림자들이 바람결 따라 흔들리고 있다. 가끔 잠에서 깨어나 이런 순간을 맞는 일이 즐겁다. 세상이 고요하게 쉬고 있는데 홀로 깨어있다는 것이 스스로에게 어떤 의미를 부여하는 것인지도 모르겠다. 밝은 낮의, 지독한 현실에 대한 역설적 행복으로서의 어둠을 사랑하는 심리인지도. 곧바로 옆은 코 고는 소리에 나는 현실로 돌아온다. 때로 그 소리 때문에 잠들 수 없다고 군시렁거리기도 하지만 이미 익숙해진 두 사람의 자리다. 곤히 잠든 그의 평온한 얼굴을 무연히 바라본다.

30여년을 같이 산 사람이다. 때로는 낯설며 지루하고, 때로는 연민스러우며 얄밉고, 때로는 불편하면서도 반가운 존재. 무촌 간, 그래서 무방비 상태로 보면 언제나 내 편이어서 멋대로 굴어도 괜찮을 것 같은 사람이기도 하다. 같이 있으면 귀찮고, 없으면 허전한 것으로 보아, 두 몸의 두 영혼이 한 사람으로 살려 하는 건 아닌지. 서로에게 얼마나 큰 멍에였을까. 같이 살아오면서 어려움을 겪을 때마다, 상대가 내 마음에 들지 않을 때마다 그를 탓한 경험은 얼마나 많던가. 사람의 관계는 상대성을 갖는다는 것을 잘 알면서도 자신을 성찰하기보다는 상대 탓하기 급급한 세월이 얼마였던가. 다행히 그렇게 생각했던 어둡고 긴 통로를 빠져나와 내가 느끼는 고통이, 미흡함이, 상대를 탓하는 모든 것들의 원인이 내게 있음을 알게 되었으니 얼마나 다행인가.

대체로 어이없고 하찮은 우연들로 인해 우리의 삶이 방향을 바꾸듯, 사랑에 대해 아무것도 기대하지 않고 있는 사람들이 쉽게 사랑에 빠지는 것일까. 그 때, 겨울이라는 계절이 정수리에 와 있을 때였다. 함박눈이 쌓인 아침, 혼자 사는 썰렁한 방문을 걸어 잠그고 출근하는 길에 순간적으로 네흘류돌프 백작을 떠올렸다. 하얀 눈길이, 뒤늦게서야 휴머니티를 되찾은 그가 카츄샤를 찾아 눈보라치는 시베리아 벌판을 달리던 그 광경을 떠오르게 한 것일까. 아님 필연에 대한 예감이었을까. 그 날 퇴근길에 내 상상 속의 네흘류돌프를 닮은 그를 처음 만나 데이트를 하게 되었다.

2.

정신분석학자 라캉은 사랑을 무의식에 얼룩이 생긴 것이라 했다. 우리가 흔히 말하는 콩깍지라는 것이다. 콩깍지에 눈이 가려지지 않으면 결점 투성이의 인간들끼리 사랑하다 결혼까지 하기는 어렵다. 사랑은 늘 변화하고 이동하고 되풀이되면서 끊임없이 다른 모습으로 완전히 죽어버리지 않고 영원히 되살아나는 조건을 가지고 있기 때문이다. 그래서 결혼 후에도 다른 사랑에 한 눈 팔고, 때로는 그 에너지로 생을 지탱하기도 하잖던가! 우리는 매 번, 반드시 사랑하는 단 한 사람과 사랑을 창조해 낸다. 매순간마다, 유일한 현장 속에서, 각자가 먹는 나이로. 그래서 사랑에 대해서 말한다는 것은 지난 일이라 할지라도 상처로부터 가능한 것이다. 어쨌거나 제 정신이 아닌 절정의 상태가 되었을 때 우리는 결혼을 선택한다. 그것을 흔히 운명이라, 팔자라, 인연이라 일컫지 않던가. 결혼이라는 함정으로 이끌고 간 뒤, 당연히 열정은 식어버리는데 그 때의 우리는 그 사랑을 선택한 나를 타자 취급하는 것으로 자신을 위로한다. 이를테면 콩깍지 탓이라는 듯.

사랑의 신 큐피트는 이미 활을 당겼고 시위를 떠난 화살은 내 가슴에 꽂혔다. 사랑의 묘약은 온몸에 퍼져 나 역시 여느 사람들처럼 귀가 멀고 눈이 멀었다. 누군들 그러지 않으면 결혼이라는 엄청난 일을 감행할 수 있겠는가. 우리가 만난 첫날, 그는 나에게 자신 생에 대한 결핍을 가감없이 내보였고 내 사랑의 시작은 그를 보듬어주고 싶은 애잔한 연민으로부터 시작되었다. 이미 사랑이 주는 초월적 힘이 나의 이성을 넘어서버린 것이다. 아버지를 그리워하며 가슴앓이를 한 나와, 어머니를 잃고 할머니의 빈 가슴을 더듬으며 자란 그와의 만남은, 아픔을 가진 자들의 유대감으로 탄탄하게 묶어 주었다.

가난에서 오는 불편함은 아무것도 아닐 정도로 우리의 뜻은 별로 맞지 않았다. 서로 다른 사고와 자란 환경 때문에, 결핍이 적은 평범한 가정에서 자란 사람에 비해 갈등이 더 많았고, 남편은 지극히 현실적인 데 반해 나는 현실에 안주하지 못하는 사람이었다. 젊은 날, 우리는 서로 만나지지 않는 평행선을 달리면서 갈등을 계속할 수밖에 없었다. 내 자유로운 영혼이 더 이상 못 견디겠다고 항거할 때, 어느 날인가 나는 이혼을 하자고 제의했다. 그는 나를 물끄러미 바라보더니 내 말에 대해 코웃음으로 대답했다. 철없는 아내여, 삶이 무엇인지 알고 있니?라는 듯이.

아이들이 태어나자 그들에게 정신을 팔던 어느 날, 남편의 양말을 손으로 비벼 빨다가 발가락 부분에 구멍이 난 것을 보고 나는 소리 죽여 한참을 울었다. 내가 꿈꾸는 이상적 삶이 무엇이었던가. 그는 가정을 좀더 잘 꾸려보려고, 조각난 자신의 삶을 다시 직조해 보려고 하루하루 사력을 다해 살아내고 있는데, 나는 아직도 꿈꾸는 눈으로 세상을 보며 존재의 외로움 타령이나 하고 있다니. 그 날 이후 내가 가지고 있던 막연한 이상과 그리고 내가 옳다고 생각하는 아집과 남편에 대한 내 자존심을 고스란히 접고 진정으로 그의 동반자가 되겠다고 다짐했었다.

이제 세상사 일방적인 일은 그리 많지 않다는 걸 깨닫는 나이가 되었다. 살아가는 그의 방식이 못마땅해도 탓하지 않고, 때로 보고도 못 본 척, 알아도 모르는 척하며 묵묵히 견뎌온 것이 나만의 인내였다고 생각했던 지난 일들이 그에게도 똑같은 시간이었음을 안다. 내 자신 못지않게 그도 내게 하고 싶은 말과 행동을 절제하고 살았음을 짐작한다. 제 주장 쉬이 굽히지 않는 내가 큰 갈등 없이 소신껏 잘 살아온 것도 그가 안과 밖으로 잘 둘러쳐준 울타리 덕분인 줄 안다.

3.

결혼은 몸과 몸의 만남만이 아니라, 분리되어 있던 한 쌍의 제 짝을 찾는 작업이다. 그래서 몸으로 만난 결혼은 몸이 쇠하고 아이들이 떠나면 끝나지만, 영혼으로 만난 결혼은 한 생을 아름답게 갈무리 하게 해준다. 그런 이들의 삶은 조화롭고 윤기가 있다. 그러나 물신주의에 길들여 사는 우리는 영혼의 짝을 찾는 일에 밝은 눈을 갖지 못한다. 마음을 보기보다는 쉽게 눈에 띄는 겉치레적인 것이 우선 조건이 되기 때문이다. 그래서 신화학자 조셉 캠벨이 그랬던가. 사람과 사람이 만나 한평생을 사는 일 자체가 신화라고. 두 사람이 살아가면서 상대를 그대로 봐주고 인정하며 존중하는 일이 얼마나 어렵겠는가. 그럼에도 자신을 죽이고 상대를 북돋아주며 지혜롭게 사는 일이 어찌 신성하지 않겠는가. 누구에게나 결혼은 시련이고, 이 시련은 두 사람의 '관계'라는 신 앞에 바쳐지는 '자아'라는 제물이 겪는 일이다. 이 '관계'안에서 인내하며 통찰하다가 둘은 하나가 된다. 그 여정 자체에 신성이 깃들이지 않을까 싶다.

그는 혹독하게 말한다. 결혼으로 맺은 관계를 인생의 가장 중요한 관계로 치지 않는 사람이 있다면, 그 사람은 결혼을 아직 못한 것이라고. 결혼은 사회적 관계이기보다는 두 사람 영혼의 주관적 관계이기에 중요한 것은 자신들의 주관적 삶이지 타인의 사랑이, 결혼이 어떻다는 말은 필요치 않다. 사랑은 상대적이 아닌, 나의 사랑에 대한 생각과 느낌이 중요하기 때문이다. 그러나 사회적 관계에 인생의 많은 부분을 내주며 사는 현대인들은 당사자들의 내적 관계보다는 타인들과의 외적 관계에 많은 것들을 할애하며 산다.

엄밀하게 보면 결혼은 두 사람의 내밀한 관계가 훨씬 더 소중하고 의미가 있다. 그랬을 때, 개개인의 영혼은 자유로울 수 있기 때문이다. 시련 없는 부부가 어디 있으랴. 같이 살아가면서도 시련의 역경과 영혼의 여유로운 경계를 넘나들다 보니 결혼에도 자유가 내재되어 있다는 것을 알게 되었다. 그 지점에 이르니 비로소 인생이 살만한 가치가 있다는 걸 알게 되고, 그래서 가끔 생은 감탄이고 축복이고 경이롭다는 것을 체험하기도 한다.

이즈음엔 세상사로 티격태격 하다가도 그는 산행길에 오르면 스틱을 꺼내 내 키에 맞는 길이를 만들어 주며, 두 사람 사이에서 그의 존재를 확인하고, 나는 그런 그를 보면서 '저 사람이 내게 지팡이가 되고 있구나' 하는 생각을 한다. 어쩌면 내 생의 지팡이가 늘 되어왔지만 그의 허물만 보던 내 눈이 가려져 깨닫지 못하고 있었을 것이다. 오늘은 내 마음을 고백을 해볼까. 조금 멋쩍어도 농담처럼, 옆에서 가장 든든한 반려자로 살아온 그에게 들려주는 최고의 찬사 한마디를 날려볼까.

나는 왜 글을 쓰는가

어느 아침, 식사를 하다가 전화를 받았다. 자신이 누구인지 밝히지도 않은 상대가 『울 수 있는 행복』을 썼던 김경희가 맞느냐고 물었다. 그렇다고 했더니 그 수필집에 있는 주소와 한국문협에 있는 주소와 다르다며 역정을 내는 투였다. 심지어는 왜 주소가 다르냐고 묻는 억지라니. 마치 너는 이사하지 말고 한 곳에 살았어야지 왜 이사를 해서 번거롭게 하느냐고 나무라는 태도였다. 그가 말하는 내용으로 보아 내가 두 번째 작품집부터 김지헌이라는 필명을 쓰게 된 것도 아는 것 같았다. 나는 수필집을 여러 권 출간하는 사이, 인연 따라 이사도 하지 않겠느냐고 좀 멋쩍게 대답했다. 그러면서도 슬슬 비위가 상하기 시작했다. 이 예의 없는 처사는 뭔가. 그러나 분명 내 글을 읽은 사람인 것 같아 인내심을 가지고 누구냐고 물었다. 그때서야 자신이 출간한 책을 보내주려고 한다 했다. 여전히 이름은 밝히지 않은 채로.

이런 사람의 글이라면 읽고 싶지 않아졌다. 도무지 남의 말을 귀담아 들어주지 않는 사람 같았다. 출간한 사람들에게 흔히 하는 축하한다는 말조차 건네지 못하고 나는 지금 살고 있는 주소를 말해주고 전화를 끊었다. 아침 먹다가 봉변을 당한 느낌이었다. 고개를 갸우뚱하며 식탁에 앉는 나를 보며, 통화내용을 다 들은 남편은 무슨 그런 황당한 경우가 있느냐고 혀를 끌끌 찼다.

나머지 식사를 하는둥 마는둥 끝내고 설거지를 하면서 여러 생각이 들었다. 누군가 작품집을 내고 기쁜 나머지 상대를 배려하지 못하고 자기 기분대로 행동하게 된 것이라고 여유롭게 이해해 보았다. 그럴 수도 있다. 아님 서로 다른 생활환경에서 오는 문화적 태도의 차이라고도 생각했다. 모두 나와 같은 생각과 태도로 세상을 대하는 것은 아니니까. 그러나 여전히 문제는 남았다. 사람에 대한 기본적인 태도나 이해, 배려조차 불가능하다면 글을 써서 뭘하나 하는 문제였다. 나아가 존재에 대해, 특히 자기 속에 함몰되어 타자에 대해 무례한 사람들은 어떤 글을 쓸까 궁금해졌다.

전업작가들의 경우는 제외하고, 대부분 사람들이 글을

쓰는 이유는 자기실현을 위해서이다. 나 역시도 어찌 하다 보니 어줍잖은 글쓰기가 자신의 정체성이 되어버렸다. 내가 좋아하고 조금 더 잘 할 수 있는 것이 쓰는 일이니. 그래서 내 생각을 통해 자신이 어우러져 살아가는 세상에 대해 하소연도 하고 아름답다고 칭송하기도 하며 때로는 좋은 세상 만들어가자고 작은 소리로 외치기도 한다. 마찬가지로 사람들도 자신이 담고 있는 생각을 말하기 위해 글을 쓴다. 글쓰기뿐만 아니라 사람의 모든 행위는, 사람이 산다는 것은 자기실현을 위한 몸부림이다. 그렇다면 글쓰기는 작가가 자신의 운명을 사랑하는 방식인 셈이다.

자신을 사랑하는 이는 타인도 소중하게 여기고 사랑하게 된다. 그랬을 때 진정한 사랑이 된다. 자기애에 빠지면 남을 보지 못한다. 자기만 생각하는 이는 자기를 사랑하는 척하는 사람일 뿐이다. 인간은 홀로 존재하지 않기 때문에 결국 타자를 통해 자신을 보는 존재이기 때문이다. 자신과 타인을 동시에 깊이 이해하고 사랑하는 이들은 흔치 않다. 본질적으로 사람은 아름다운 존재라고 하지만, 현실의 우리는 자기 욕망에 눈이 가려져 결코 아름답게 살아가지 못하잖은가.

지난 ≪수필과 비평≫ 행사에서의 문학강연은 그런 맥락에서 의미 깊었다. 김재홍 선생님의 "자신을 더 알고 더 깊이 절망하기 위해 문학을 해야 한다."는 말씀은 내 가슴에

거멀못처럼 깊이 새겨졌다. 절망의 끝에 서 본 사람만이 희망의 빛을 볼 줄 알기 때문이다. 누가 그 분이 경험한 절망의 의미를 제대로 이해할 수 있을까. 그 분이 자신의 모든 재산을 문학에 바치자 아내가 집을 나갔다는 말씀을 하시는 순간 대중 사이에서 '어찌해야 쓸까'라는 탄식이 흘러나왔다. 그 한탄은 문학이라는 이상에 비중을 실은 것 보다는, 생활이라는 현실에 방점을 찍은 입장에서 나온 것이어서 슬펐다. 문학강연장에서 우리는 문학을 듣는 게 아니라 여전히 삶이라는 현실 영역을 좇아가는 느낌이었기 때문이다. 삶은 두말할 필요도 없이 중요하지만, 그것만 바라보고 쫓아가는 이의 영혼은 피폐해진다. 우리가 가끔 지나간 시절을 그리워하는 이유는, 지금보다는 힘들었어도 타인에 대한 배려와 따뜻한 영혼을 지녔던 그 때가 아름답다는 것을 알고 있기 때문이다.

어쨌든 그 분은 문학에 당신의 인생을 다 내준 열정가로서, 왜 문학을 해야 하는지를 말하기 위해 그 표현을 쓴 것이다. 그런 분을 이해하고 공감하는 것으로, 그 분과 한 순간 소통하고 있었다. 그 분은 이렇게 말씀하셨다. "나 자신이 얼마나 위선자인지 나를 더 깊이 알기 위해 아직도 문학을 놓지 않고 해나간다."고. 당신의 한 평생, 가진 것을 문학에 내줬으면서도, 아직도 존재가 위선자임을 더 알기 위해서라니…. 지금 우리의 모습이, 문학이 어떠한지를 이보다 더 적절하게 표현할 수 있을까? 사람을 안다고, 문학을 조금 안다고 평가하고 말하려 하던, 살얼음처럼 부박한 앎에 고개 세웠던 자신이 매우 부끄러웠다. 문학을 한다고 말하던 자신이 부끄러웠다. 과연 나는 얼마나 알고 있는 것일까? 그 시간이 지나면 여전히 오만하게 안다고 떠들지 모르지만 그 자리에서는 충분히 그런 마음이었다.

어쩌면 문학을 하는 것은 세상에 자신을 드러내기 위해서라기보다는 진실로 나를 알고 자기를 성찰해가기 위해서일 것이다. 내 완성을 향해, 자기 구원을 꿈꾸지 않는 사람은 문학의 표피만을 긁어대는 작가일지도 모른다. 그래서 나를 알고 나를 찾아가는 여정을 끌어주는 문학은 외로운 작업이다. 그 외로움의 끝간데에서 비로소 자신을 구원하는 길을 찾게 되고, 타인들에겐 좀더 선한 사람이 될 수 있을 것이다. 그랬을 때 문학이 후미진 곳에 빛을 비춰 고독과 외로움에 방황하는 영혼인 나와 너를 구원할 수 있지 않을까.

나는 왜 글을 쓰는가. 최소한 사람을 이해하고 타인을 사랑하기 위해 나를 담금질하는 통로를 찾기 위해서이다. 그 과정을 거치고나면 사람은 어찌해야 한다는 관념에서 벗어나 진정 자유로운 삶으로 가게 될 수 있을까. 그쯤 해서 우리는 문학을 한다고 말할 수 있지 않겠는가.

어둠 짙을수록 더욱 빛나지

입춘이 지난 어느 아침, 커피를 마시다 무심코 창밖을 보니 길 건너 보육원의 아이들이 미끄럼을 타거나 숨바꼭질을 하고 있다. 그들의 움직임이 하도 경쾌하여 베란다 창문을 열면 아이들의 재잘거림이 생생하게 들려올 것만 같다. 봄의 전언이다. 봄은 여인의 옷자락 끝에서 오는 게 아니라 아이들의 몸놀림과 재잘거림에서 오는 게지, 혼잣말을 하며 후후 웃었다. 햇볕 좋은 날, 실내에서 바라보는 바깥풍경은 이토록 따스하고 평화로웠다. 보육원 주변에 심어진 나무들이 간간이 가지를 흔드는 것으로 보아 봄바람이 함께 있는 모양이다.

오후에 외출을 하려고 밖에 나갔더니 웬걸 꽃샘추위가 한겨울 추위보다 더 매서웠다. 옷을 더 껴입을까 잠시 망설이다 집으로 들어가는 것이 번거로워 그대로 길을 나섰다. 긴 시간도 아닌, 두어 가지 일을 보고 돌아오는 길에 너무 추워서 온몸에 한기가 돌았다. 오로지 따뜻한 집으로 어서 돌아가고 싶다는 생각을 하며 발걸음을 재촉하는데, 아파트를 향한 길 초입에서 리어카에 생선을 놓고 파는 아주머니를 만났다. 몇 년 동안 그녀의 단골이 되다보니 왠지 이웃처럼 생각되는 이였다. 사모님, 오늘 조기가 아주 좋아요. 물건이 좋지 않으면 권하지도 않잖아요. 순하게 웃음 웃는 그녀를 외면하지 못하고 리어카 앞에 멈춰 서자, 또 한 차례 매서운 바람이 얼굴을 때리고 지나갔다.

해가 서쪽으로 기울수록 햇볕은 약해지고, 바람은 더 맵찼다. 영하의 기온에 조기는 얼음처럼 땡땡 얼어 있다. 숙련된 솜씨련만 두꺼운 칼을 들고 떼어내려 해도 조기는 여간해서 떨어지지 않았다. 엎친데 덮친 격으로, 언 조기와 씨름하던 아주머니는 한참동안 멈추지 않는 기침을 해댔다. 얼음의 냉기가 그녀의 몸으로 침입하고 만 것이다. 비닐주머니에 조기 열 마리를 담아주는 그녀의 얼굴이 열꽃으로 벌겋게 달아올라 있다. 나는 힘들게 움직이는 아주머니의 모습을 지켜보느라 내 몸이 추위에 경련을 일으키고 있는 것도 모르고 있었다. 조기 값을 치르고 돌아서서야 비로소 오들오들 떨고 있는 자신을 느꼈다. 나는 반사적으로 다시 돌아섰다.

"아주머니, 연탄불이라도 하나 피우시지 그랬어요."

"여기 불 있어요."

그녀는 매우 자연스럽게 대답했지만, 얼핏 주위를 둘러봐도 불이 있을만한 곳은 보이지 않았다. 아주머니의 대답이 수월한 만큼이나 바람 불고 추운 날 도로가에서 불이 어떻게 어떤 형태로 있을 것인지 나는 상상이 되지 않았다. 그녀는 오히려 자신의 말을 믿지 않는 내가 이해되지 않는다는 표정으로, 리어카 옆에 있는 페인트 통을 가리켰다. 그 위에는 다 헤져버린 도톰한 스웨터가 방석처럼 얹혀 있다.

"불이 어딨어요? 이건 그냥 깡통이잖아요."

"진짜 불 있어요."

아무리 봐도 허름한 페인트 통 안에 불이 있을 것 같지 않았다. 그런 내 생각을 눈치라도 챈 것일까. 그녀가 통의 뚜껑을 열어 내게 보여 주었다.

"세상에!"

나는 할 말을 잃었다. 그 안에는 작은 촛불 하나가 의연하게 버티고 있었다. 갑자기 들어온 바람에 놀란 촛불이 움츠리는 것을 보며 내 안에서 펑펑 터트려지는 웃음…….

내게 촛불은, 절의 법당에 켜는 성스러움의 상징물이었다. 촛불을 켜는 순간 내 존재의 빛이 발하고, 그것은 내가 믿고 기도하는 대상과 나를 연결해주는 통로로 여겼기 때문이다. 그래서 나는 자신과 가족과 타인을 위해 소망을 염원할 때 촛불을 켠다. 다른 하나의 촛불은 부조리한 현실을 인식하고 그런 세계를 바꿔가기 위한 평화적 투쟁 도구로 존재하였다. 한국이라는, 같은 공간에서 살고 있다는 유대감이나 책임감, 혹은 인간적 교감의 본능으로 우리는 사회의 아픔과 고통을 공감하며 촛불을 켜곤 한다. 이를테면 세월호의 비극적 사건 앞에서 우리가 한 마음으로 촛불을 켰던 것처럼. 그런 내게 아주머니의 촛불은 눈앞에서 목도하는 실체적 삶이었다. 그것은 관념이 아닌, 현장에서 생생하게 작용하는 살아있는 존재였다.

우리네 삶은 종종 창호지문을 경계로 하는, 방의 안과 밖의 모습으로 존재한다. 햇볕 좋은 날 안에서 보면 아늑하고 따스하고 아름다운 세계이고, 바깥에서 보면 춥고 외롭고 고통스러운 광경이기도 하다. 우리는 그런 양면의 얼굴을 가진 삶을 늘 맞대면 하며 살아가지 않던가. 낡고 보잘 것 없는 깡통 속에서 왼종일 스러지지 않고 온기를 뿜어주던 저 촛불은 신에게로 향하는 성스러운 상징물도 아니고, 사회를 밝힐 메시지를 전하는 이념적 매개체도 아니었다. 한 생명을 따뜻하게 품어주는, 모든 촛불의 환유적 기호로, 성聖과 속俗을 동시에 품어 다른 것이 아님을 증명하는 실존이었다.

뜰 앞의 잣나무처럼, 촛불은 그저 제 몸 사르며 그 자리에 있었을 뿐인데도, 아주머니는 꽁꽁 언 몸 녹일 수 있고, 내 가슴엔 따스한 불씨 심어 풀무질을 해주었다. 생은 남루함 속에서도 가끔은 꿈꾸듯 빛나기도 한다는 것을, 저 성스러운 촛불은 온몸으로 보여주고 있다.

나는 언제 누구에게 저 작은 촛불 같은 존재가 되어줄 수 있을까.

행복이 가득한 방

아파트 출입구 앞에 서서 보니 정면으로 보이는 은행나무에 마지막 이파리가 매달려 있다. 지난여름 그 무성했던 잎들은 다 떠나고 앙상한 가지만 쓸쓸하게 남아 있다. 계절 탓일까. 찬거리를 사야겠다는 생각으로 밖에 나왔지만 의욕이 생기지 않았다. 나는 아파트 등나무 밑에 우두커니 앉아 그 곳에 드나드는 사람들을 무심히 바라보았다. 하루를 열심히 보내고 아늑한 가정으로 돌아오는 사람들의 모습이 오늘따라 유난히 생기가 없어 보였다. 스산한 바람에 실려 온 낙엽들이 발 밑에서 맴도는 것을 보며 자리에서 일어났다. 하늘을 올려다보니 어느 새 별이 돋는 시간이었다.

평소 잘 다니던 식육점을 지나 마음 내킬 때에만 가던 가게로 들어섰다. 그러고 보니 계절이 두 번이나 바뀔 동안 나는 이 집을 찾아오지 않았던 것 같다. 그런데도 지난봄에 보았던 새댁은 며칠 전에 왔던 손님을 대하듯 밝은 얼굴로 주문을 받았다.

새댁의 서툰 칼 솜씨를 지켜보다가 문득 고개를 옆으로 돌리니 안방이 절반쯤 들여다보였다. 처음 본 방안도 아니련만 이상하게도 내 시선을 끌어들이는 그 무엇인가가 있었다. 서너 평 남짓한 방안에는 TV, 그리고 감 꿰꽂이, 보일락말락한 벽 구석으로 키 작은 남자의 주름 잡힌 바지 하나가 걸려있고 그 위로 빳빳하게 다림질이 잘 된 흰 와이셔츠가 걸려 있었다. 그것뿐인데도 왠지 방안에는 뭐라 형언할 수 없는 밝은 빛이 감도는 것 같았다.

그 사이 새댁은 고기를 다 썰었는지 비닐봉지를 챙겼다. 새댁으로부터 봉지를 건네 받을 때였다. 나는 아주 작은 소리를 듣고, 실례라는 생각을 할 겨를도 없이 본능적으로 고개를 길게 빼서 방안을 들여다보고 말았다. 놀랍게도 그곳엔 달덩이 같은 아기가 누워 있는 게 아닌가. 이불을 덮어 얼굴만 보이는 아기는 이제 마악 잠에서 깨어난 듯 작은 몸을 뒤채며 환하게 웃고 있었다. 이 작은 방에 대한 호기심을 불러일으킨 것은 바로 이 아기의 생명력, 그리고 환한 웃음이었던가 보다. 양팔을 벌리면 손끝이 맞닿을 것 같은 벽, 세상은 넓고도 넓은데 부잣집 뒤주 만한 이 작은 방안에서 아기는 쌔근쌔근 잠들었다 깨어나며 그 작은 몸으로

이 보금자리를 빛내고 있었다.

거스름돈을 꺼내려 돌아서는 새댁을 보니 이내 머지않아 산달임을 짐작케 했던 지난봄이 생각났다. 그 사이 새댁네는 가족이 늘었고 그 작고 아늑한 방안엔 사랑이 가지마다 피어나고 있었던 것이다. 고기를 건네받고 그 집을 나오며 나는 정말 소중하게 여겨야 할 것들을 잊고 살아왔다는 생각에 당혹스러웠다. 작고 부족했던 시절에 느낄 수 있던 감사와 겸허함이 헛껍질만 남기고 내게서 빠져나가 버린 지가 언제였던가. 소꿉놀이하듯 작은 것들도 소중하게 이루어내려 애쓰며 살던 시절이 차라리 행복이었던가.

쇼걸과 나르시시즘

아무래도 내가 정상은 못 되는가 보다. 술집이란 애당초 웃고 떠들며 뭔가 후련히 털어 버리려고 가는 곳일 텐데 나는 그렇게 되지 않으니 말이다. 어쩌다가 그럴 기회가 있어 일행의 등쌀에 떠밀려 나이트클럽에 들어갈 때가 있다. 그러나 막상 자리에 앉고 보면 아주 많이 취하지 않는 한 이런저런 생각으로 머릿속이 복잡해지고 만다. 나는 왜 그곳 분위기에 쉽게 동화하지 못하고 물과 기름처럼 겉돌기만 하는 것일까. 아름다운 쇼걸들을 보면 내게도 딸이 있는데 저들이 너무 안 됐다 싶고 심지어는 그들의 부모 생각까지 하게 된다. 그뿐인가. 그네들이 무대에서 춤을 추며 바꾸는 표정까지 염려하며 그들이 우리를 바라보는 눈에 혹여 비굴함이 섞이지 않을까 쓸데없는 생각까지 하게 된다.

이쯤 되면 나는 술집에 놀러 간 것이 아니라 본의 아니게 자신을 괴롭히는 결과가 되고 만다. 그러니 나는 그 신나는 술집에서 자가당착에 빠져 그저 그런 밋밋한 시간을 흘려보내고 떨떠름한 기분으로 그곳을 나오기 일쑤였다.

그 날도 홀에 들어서자 사람들이 뿜어내는 에너지로 인하여 실내가 온통 몸살을 앓고 있었다. 얼핏 살펴본 실내에는 다양한 포즈의 사람들이 아주 편안하게 앉아 무대 위의 쇼걸들에게 몰두해 있었다. 같이 간 사람들의 자리를 살피고 내가 앉았을 때 스테이지와 스테이지가 교체되었다. 세 여자가 무대 위로 나왔는데 그네들은 인류 최초의 의상, 이브의 모습을 흉내 낸 의상을 걸치고 있었지만 부끄러운 내색은 없어 보였다. 옆에 어른들이 앉아 있어서인지, 같은 여자라는 동류 의식 때문인지 오히려 내 자신이 부끄러워 그네들을 제대로 쳐다보지 못하고 살짝살짝 훔쳐보았다.

내가 성인이 되어 이런 곳엘 처음 왔을 때는 누가 보지 않아도 스스로 어색해서 고개를 잘 들지 못했다. 그 때에 비해 내가 이렇게 뻔뻔해진 이유에는 모든 것을 낡게만 하는 세월의 몫도 있을 터이다. 빛나던 예지도 무디어지고 뭔가 자꾸 자극적인 경험(인생의 희로애락)들을 쌓아가다 보니 부끄러움의 기준도 달라지고, 민감했던 정서도 둔해지고 말았다. 또한 그런 경험들로 인하여 포용되는 것들이 더 많아진 까닭도 있을 것이다. 그것을 우리는 흔히 연륜이라고 하겠는데, 뭔가를 온전하게 포용해서 받아들인다는 것은 이처럼 비애스러울 때도 있다. 내가 이렇게 달라진 것처럼 어쩌면 그네들도 처음엔 나와 같은 감정을 가졌을지도 모른다. 그러나 그들은 부끄러움을 이겨내야만 했을 것이다. 내가 뻔뻔스런 세상의 뻔뻔스런 사람이 되고 만 것처럼 그들도 차츰 대담하게 변화했을 것이다. 그들에겐 생활인데 더 말해 무엇하랴.

술잔이 오고 가며 자리에 익숙해지자 나는 그네들만큼이나 수줍음 없이, 같이 간 어른들의 눈치를 보긴 했지만 좀 뻔뻔스럽게 그들의 몸 동작을 지켜보았다. 그러면서 나는 자신도 모르는 사이, 내 맘에 드는 여자를 점찍고 있었다. 아, 그것은 어떤 상품을 바라보며 갖고 싶은 것을 선별하는 행위와 다를 바 없었다. 미술품이나 도자기 등 어떤 예술품들을 감상할 때 생긴 버릇이 자신을 숨기지 못하고 본색을 드러내 버린 것이다. 결국 비극이긴 하지만 내 눈앞에서 그들의 행동은 하나의 감상품에 지나지 않는 셈이었다. 아무리 물질만능의 사회에서 살고 있다 하여도 그들을 상품으로 보고 있다니, 평상심을 가졌을 때와 지금의 나는 어느 것이 진짜 모습인지 혼돈스러웠다.

그것도 잠시일 뿐, 반복되는 그네들의 몸놀림을 보고 있으려니 차츰 싫증이 나기 시작했다. 그들의 기계적인 움직임, 죽은 행위 때문이었다. 아무리 아름다운 생명체일지라도 그것이 의미를 지닐 때의 일이지 그 의미를 상실해 버렸을 때에는 아름다움도 빛을 잃고 만다. 그들은 살아 움직였으되 내 눈에 보이는 행위는 이미 의미를 잃은 죽은 행위였다.

눈치 빠른 관객은 금세 눈치 챘을 것이다. 그들의 동작이 우리에게 보이기 위한 것이 아니었음을. 그네들은 자신의 몸뚱어리에 도취되어 스스로 그것에 빠져들었다. 그들이 춤추는 무대 양면에는 대형 거울이 있어 무대 위의 그들뿐만 아니라 홀 안의 표정을 한 눈으로 볼 수 있게 되어 있었다. 그들은 몸을 흔들면서(춤이라고는 할 수 없었다)도 시선을 그 거울에 두고 있는 게 아닌가. 관객을 향해 정면으로 돌아서진 않았다. 관객에겐 도무지 관심이 없는 것처럼 보였다. 앞을 향해서가 아니라 거울을 향해 서서 제 몸뚱어리를 감상하다가 자신들이 채워야할 시간이 지나자 무대 뒤로 사라지는 것이었다. 그들이 또 다른 스테이지에 나와서도 같은 행위를 반복했을 때 나는 그 곳을 나오고 싶었다. 관객을 위한 연극이 아니라 그들 스스로 만족하기 위해 몸을 이리저리 돌려보며 거울을 들여다보는 행위에 일종의 모욕감을 느꼈기 때문이다. 배우와 관객이 서로 교감하지 않는 연극은 의미가 없다. 그들과 우리가 비록 좀 미묘한 자리에서 만났다 할지라도 각자의 역할은 성실히 해내야 할 것 아닌가. 그들이 살아있는 사람으로, 관객의 눈빛과 교류하지 않고 오로지 나르시시즘에 빠져 관객을 무시하고 있다고 생각되자 나는 자리를 털고 일어나고 싶었다.

의미 없는 행위를 지켜보는 것도 고역이었다. 그러나 나는 같이 간 사람들과 동행해야할 의무감을 지녔기에 그대로 앉아 시간을 죽이고 있었다. 무료함을 달래려 홀 안을 둘러보았더니 모두들 무대의 현란함에 열광하고 있었다. 모처럼 자신을 무장해제하고 앉아 내남없이 부딪치며 즐거워하고 있었다. 무대에 빠져있는 적극적인 관객들은 탄성을 지르기도 하고 휘파람을 불며 달뜬 야유를 보내기도 했다. 어떤 이는 금방이라도 뛰쳐나가 그네들을 어루만지고 싶은 표정이었다. 아, 저것 때문이었구나. 그네들이 관객의 눈빛과 교류하지 못하고 거울에 시선을 두고 있었던 것은 인간의 몸뚱이조차도 상품으로 관람하고 있는 관객들의 눈빛을 피하기 위해서였구나. 그들이 비록 상품으로 나와 있을지라도 자신들을 바라보는 시선에 욕망을 담은 관객들을 감당하기에는 벅찼을 것이다. 뿐만 아니라 그들을 바라보는 눈초리에 행여 담겨 있을지도 모르는 연민이나 동정 그런 것들을 엿보고 싶지 않았을 것이다. 결국 그들도 관객들과 똑같은 감정을 지니고 있는 사람들인데 그 많은 사람들의 시선을 받으며 서 있기가 왜 고역스럽지 않을 것인가. 그런데 나는 그네들이 관객과 교감하지 않고 자신들의 놀음에만 빠져 있다고 비난하였던 것이다. 아무리 자본주의 사회라 해도, 대가를 지불하고 들어간 장소라 해도 내 가슴이 이렇게 차가워졌다는 사실에 더할 나위 없이 비애스러워졌다. 그네들이 나르시시즘에 빠져 관객들과 시선을 교류하지 않는다고 터무니없는 욕심을 부린 것은 그네들의 아름다움에 대한 질투어린 투정이었을까.

그 날 저녁, 나는 모처럼 복잡한 생각 없이 흥겹게 그 술집을 나올 수 있었다.

배설에 관한 단상

- 뒷간에서 변기, 그 사회적 변화에 대하여

1.

내 허벅지엔 커다란 상처자국이 있다.

유년의 기억에 의지해보면 미처 잠을 쫓지 못한 상태에서 헛걸음질을 해, 주둥이 부분이 깨진 항아리를 묻었던 뒷간에서 묻혀온 상처였다. 그 이후 뒷간에 대한 두려움은 사라지고, 그곳에서 뿜어 나오는 냄새를 덜 역겨워하게 되었다. 말하자면 뒷간과의 친밀도가 상당해진 셈이다.

얼마 전에 일간지에서 본 충격적인 광고의 한 장면을 떠올려본다. 이탈리아 인테리어 소재 회사의 광고인데, 사이버 느낌을 주는 벽면에 남성용 소변기가 붙어 있었다. 그 앞에 검은색 시폰 재질의 얇은 드레스를 입고, 가늘게 날이 선 하이힐을 신은 여성이 옷을 걷어 올리고 남자처럼 소변을 보려 하고 있었다. 카피는 "강철: 모자이크 장식의 새로운 젠더"였다. 트랜스젠더를 소재로 하여, 타일이 아닌 강철이 인테리어 재료의 새로운 젠더(?)로 부상했음을 알리고 있는 것이다. 이 광고는 보는 이로 하여금 기묘한 감정을 불러일으켰다. 남자의 소변기에 겉으로 보기엔 여자인 존재가 밀착되어 있는 광경은 어긋난 콘텍스트를 형성하였다. 에로틱한 이미지이기는 한데 그 이미지를 불편하게 전달하는 것이다. 낯익은 상황이 낯설게 치환됨으로써 심리적 부적응 상태를 연출해냈다. 즉 남성용 변기는 이미 우리에게 낯익은 공간이지만 여기에 트랜스젠더를 등장시킴으로써 그로데스크에 가까운 이미지를 효과적으로 각인시키게 된 것이다. 가히 크로스오버의 시대다. 인간의 배설물을 받아내는 변기 하나에서도 이토록 복합적인 이미지를 가진, 이 시대를 읽어낼 수 있었다.

조금 엇나간 느낌이 없잖지만, 잠깐 샛길로 빠져보자면, 그동안 굳혀왔던 한국사회의 통념으로는 도저히 이해될 수 없을 것 같던 트렌스젠더가 얼마동안 방송가에서 인기를 누리더니 이제는 광고에까지 등장했다. 그 사람이 자본주의 사회에서 상품가치가 있어서라고만 말하기엔 시대는 상상을 초월한다. 이미 우리는 규정된 정체성 따위는 초월(상실)해 있기 때문에 트렌스젠더를 상품으로 내놓아도 효과를 발휘할 수 있는 것이다. 신이 인간에게 주신 어쩌면 마지막 보루인 인간의 성 정체성까지 허물어지고 있는 이 시대에 그 무엇인들 전복되지 않을 것이 있겠는가.

2.

배설에 대해 조금 호들갑을 떨자면, 아침이면 해우소에서 행복한 시간을 보낸 후에, 나는 흡족한 마음으로 물을 내린다. 변기의 손잡이를 눌러 물이 쏟아져 나오기 전까지의 찰나 같은 시간에 나는 블랙홀을 연상시키는 그것의 소용돌이를 보며 소우주를 느낀다. 씨를 뿌린 농부로부터 시작하여 수없이 다양한 여러 경로를 거쳐 내 안으로 들어와서, 한 인간의 작은 역사적 시간의 변이양상까지 적나라하게 보여주는 그것의 과정을 생각하는 것이다. 어디 그뿐이랴. 작은 몸뚱어리의 여러 부분을 거치는 동안 그 물질은 나라는 인간의 내면 작용까지를 두루 반영한다. 그래서 그때 그때의 내 삶의 집적이 어떤 형태, 어떤 빛깔, 어떤 믹서 과정을 거쳐 세상에 모습을 드러냈는지를 유추할 수 있다. 때문에 나는 그것에 대해 진중하게 의미부여를 해준다. 그것이 지니는 모양과 색깔로도 불과 몇 시간 전의 내 삶이 어떠했는지 알 수 있기 때문이다. 커다란 실수 없이 잘 보내온 어느 날은 질감 좋은 그것들로 만다라를 그려도 좋을 것 같고, 좁쌀만한 심성으로 타인은 물론이고 자신을 괴롭히거나 제 스스로 채우지 못하는 욕심으로 고통을 겪은 날은 들쑥날쑥했던 감정만큼이나 거친 모양이어서, 되새김질하는 동물처럼 다시 헤집어 내 안으로 집어넣어 버리고 싶어지기도 한다. 말하자면 후자의 경우, 내 몸뚱어리는 똥주머니로 전락하고 마는 것이다.

해암 큰스님이 입적하시기 얼마 전의 일이다. 우연한 기회에 해인사에 들렀다가 하룻저녁 면벽의 시간을 보낸 적이 있었다. 그 날 스님이 법문을 통해 우리에게 주신 화두는 '이뭣고'였다. 살아가면서 부딪치는 모든 문제들에 대해 도대체 이것이 무엇인가를 생각하라는 말씀이셨다. 또 하나, 그 날 스님이 우리에게 주신 직접적인 화두는 인간의 욕심에 관한 것이었는데, 물질적인 욕심, 육신에 대한 애착과 집착으로부터 벗어나지 못하는 어리석음을 설법하셨다. 정신으로부터 분리된 인간의 육신은 결국 똥자루일 뿐인데, 어리석은 인간들은 그것에 매여 옴짝달싹하지 못한다는 말씀이셨다. 그 법문을 들었던 나나 듣지 않았던 사람들이나 육신에 매여 정신을 고매하게 하지 못하는 어리석음은 마찬가지일 것이다. 인간을 창조한 조물주를 모독하고 트렌스젠더가 제3의 성으로, 그것도 상품성의 가치를 높이며 그 존재를 자연스럽게 받아들이게 되는 이 사회에서 똥자루로부터 벗어나는 길은 점점 더 요원해질 뿐이다.

3.

밀란 쿤데라의 말을 빌리면, 인간이 낙원에서 살던 시절에는 똥을 누지 않았다. 그러나 나는 그 말에 쉽게 동의할 수 없다. 우리의 인류는 신이 아닌 인간이었기에 지금의 우리와 신체조건이 기본적으로 비슷했을 것이기 때문이다. 쿤데라도 예측했었던지, 좀더 개연성 있는 것으로 보면 그 시대에는 똥이 더럽거나 역겨운 것으로 간주되지 않았을 거라고 정정해서 부연한다. 그렇다면 배설행위에 관한 생각을 바꿀 수밖에 없다. 먹는 행위가 생을 위한 것이기에 신성해야 했던 것처럼, 배설행위도 그에 못지않게 신성시 했을 것이라는 추측을 낳게 한다.

영화 〈트레인스포팅〉에 등장하는 변기는 어떤가. 더럽고 추악한 구멍이 꿈과 환상의 세계로 가는 통로가 된다. 더러움을 통해서 낙원에 도달할 수 있다는 점에서, 변소는 가장 현실적이며 가장 낭만적인, 가장 교훈적인 예술 공간이 된다. 이는 변기에 대한 극단적인 찬사이며, 더럽다고, 혐오스럽다고 생각했던 배설행위에 대한 신성성을 회복하는 데 도움이 될 것이란 기대이다.

고결한 정신을 가진, 최소한 그런 정신을 가지고 살고 있다고 자부하는 독자 중에는 이미 이 페이지를 넘겨버렸을지도 모른다. 그러나 나는 이런 이야기들을 통해서 결코 혐오스럽거나 기이한 소재로 재주를 부리려는 것은 아니다.

인류가 처음 이 지구상에 등장했을 때, 아기가 생기는 것은 해와 달과 바람의 정령으로 인한 것이라고 믿었던 시절의 배설은 더럽다거나 추하다는 것보다는, 먹는 것처럼 신성한 행위로 여겨졌을 것이라는 말을 이미 했다. 그렇다면 어느 순간부터 배설물이 더럽다는 생각이 들었을까. 어느 순간부터라는 말에는 모순이 있겠지만(어떤 현상에 대해 정의를 내릴 때 어느 순간부터라는 말은 타당치 않다. 변화하는 것들은 한순간이 아닌, 조금씩의 변화과정이 집적되어 나타나기 때문), 그 순간은 인간이 자신의 욕망을 꿈꾸기 시작하고, 현실에 눈뜨며 에덴동산의 환상이 깨지기 시작했을 때부터 똥은 더러운 것, 역겨운 것으로 둔갑하고 말았을 것이다. 그러므로 인간의 머릿속에, 몸속에 욕망이 부풀려질수록 똥의 고약한 냄새도 비례해서 지독해질 것이다. 똥 스스로의 변화이기보다는 인간의 욕망이 그렇게 만든 것이며, 그래서 인간들 스스로 그렇게 느낄 수밖에 없고, 그것을 표현하는 인간의 태도 또한 다양해질 것이다.

4.

우리 문학에서 똥을 아주 적나라하게 등장시킨 이는 이상일 것이다. 그는 〈권태〉에서, 한 무더기씩 배설해놓은 장면을 묘사하며, 똥 누기를 권태에 빠진 왜소矮小 인간들의 최후의 창작 유희라 칭한다. 어쩌면 그는 그의 글쓰기 역시 권태로운 삶을 견디기 위한 하나의 똥 누기임을 비유해서 말했을 것이다. 그러나 박완서는 〈그 많던 싱아는 누가 다 먹었을까〉에서 똥은 더러운 것이 아니라 땅으로 돌아가 오이 호박이 주렁주렁 열게 하고, 수박 참외의 단물을 오르게 하는 것이라 하여 이상의 관념적인 유희의 배설과는 정면으로 배치된다.

외에도 현대의 문학(소설)에서 배설물을 통해 작가의 사상을 형상화시킨 경우가 더러 있다. 우리 시대의 화려한 이야기꾼이라고 할 수 있는 성석제는 똥은 위선과 허위를 벗기고, 조롱하는 힘이자 원초적인 생명의 근원이라고 하여 웃음 속에 쓸쓸함을 숨기고 있다. 개인적으로 좋아하는 작가여서 그의 죽음을 아주 가슴 아파했던, 서른 중반에 고인이 된 김소진은 그의 소설 「눈사람 속의 검은 항아리」에서 똥은 과거로 돌아가는 기억의 통로가 되고 있다. 뿐만 아니라 똥 같은 세상에서 스스로 똥이 되는 것, 즉 수용하여 땅의 거름으로 되는 것을 통해 따스함 속에 슬픔을 담아내고 있다. 대중적으로도 많이 읽힌 「새의 선물」에서 은희경은 변소를 환상이 깨지는 자리, 그래서 삶의 이면을 들여다보게 하는 자리라고 말한다. 이렇듯 뒷간의 상상력, 배설의 시학은 문학의 본질 혹은 삶의 본질을 투시하는 중요한 미학적 힘이 된다. 이는 문학의 기능의 하나로 말해지는 카타르시스의 어원이 배설과 관련 있듯이, 문학은 심리적인 혹은 정신적인 배설작용이 이루어지는 우리의 뒷간이라고 볼 수 있다.

5.

뒷간에 대한 추억(?), 현실에서의 배설물, 초현실적인 광고, 영화, 문학 ……. 이제 마무리의 단계에 이르러서 배설물, 그리고 그 행위, 장소에 대해 너무 장황하지 않았나 사뭇 조심스럽다. 눈에 보이는 형식에서 이탈해보고자 시도한 작품이지만 내용이 충실하지 못하면 그것을 담는 그릇의 변용 또한 무의미해지기 때문이다. 물질적인 배설행위도 중요하지만 글을 쓰고, 말을 하는 정신적인 배설행위도 중요하다는 것을 말하고 싶었다. 그러나 역시 그것은 함정일 수밖에. 아담과 이브 시절에서부터 수많은 사회·역사를 거쳐 트렌스젠더가 등장하고, 심지어는 인간을 만들어내는 가히 혁명적인 이 시대를 살아가는 자신이 정신적 배설 운운하는 것도 모순이라는 생각이 들었기 때문이다. 과연 순수가 존재하는가에 대해 끊임없이 의혹을 갖게 하는 현실에서 말하고자 혹은 강조하고자 하는 내 생각이나 의도 또한 어찌할 수 없는 욕심이라는 것을 모르는 바 아니니. 이 모든 것의 변화는 인간의 욕망이 만들어낸 것이며, 나도 이 욕망의 시대를 가로질러 갈 수 없는 이 시대의 사람일진대.

봄, 바람결에

감지될 듯 말 듯한 미풍이 불기 시작하고 따순 햇살이 내려앉더니 그예 생명들이 몸을 풀기 시작하나 봅니다. 대지가 겨우내 품었던 생명을 세상으로 내보내는 모양입니다. 겨울잠을 자며 자신의 에너지를 비축한 나무는 나무대로, 땅 속에서 발아할 때를 기다리던 씨앗은 씨앗대로 기지개를 켜고 활동을 재개한 것입니다. 생명의 시작인 셈이지요. 세상은 그들을 맞아 온통 수런거림으로 가득 차 있습니다.

그들의 기운이 내게도 전해졌는지, 봄바람의 전언이었는지, 핏속 어딘가에서, 심장 어느 곳에서 자꾸 간질이는 느낌이 듭니다. 그러한 안과 밖의 끌림을 물리치지 않고 보이지 않는 무엇인가의 힘에 자신을 맡겨 보았습니다. 이런 날엔 아무래도 번화가보다는 흙이 있고, 물이 있고, 산이 있는 곳으로 향하는 게 좋겠지요. 차들이 먼지바람을 일으키며 달리는 큰길을 피해 오밀조밀한 계곡 길 따라 가다보니 눈길을 끄는 구경거리도 많았습니다. 무등산에서 내려오는 물줄기가 아래로 흐르면서 작은 천을 형성하고 있는 길이었습니다. 굽이굽이 휘도는 길 따라 농사꾼들의 노고에 생명들이 새싹으로, 혹은 줄기를 실하게 키워낸 것으로 화답해 있더군요. 손바닥만 한 땅을 일군 소박한 사람들의 마음과 흔적이 고스란히 느껴졌습니다.

흙을 만지며, 흙을 밟으며, 살 수 있는 사람은 행복할 것입니다. 땅은 정직하다는 말은 씨를 뿌리고 거둬본 이들이라면 누구나 공감할 테니까요. 주인의 정성스런 손길이 머문 만큼 저 싹들 또한 튼실하게 자랄 것입니다. 혹한의 시련을 견디고 자랑스럽게 얼굴을 내민 완두콩, 상추, 등속의 채소들 옆에 제비꽃 두어 송이가 보입니다. 기름진 땅도 아닌 돌멩이로 밭의 경계를 지어둔 틈새에서 피어난 꽃이었습니다. 다른 꽃들보다 부지런하게 꽃대를 밀어올릴 수 있었던 것은 돌덩이가 바람막이 해준 덕택일 것입니다. 서로의 위치에서 무엇인가에 도움을 주고 기대어 살아가는 자연의 모습이었습니다.

잠시 서서, 흐르는 물소리를 들으며 그들을 바라보고 있자니 미풍에도 흔들리는 그 작고 앙증맞은 이파리며 꽃잎이 생명의 경이로움을 전해줍니다. 그들에 대한 외경심으로 가슴이 벅차올랐습니다. 그 순간 세상이 온통 정적 속에 빠져들었습니다. 어딘가로 정처없이 흐르던 물도, 온 힘을 다해 흙을 헤집고 지상으로 제 몸을 가까스로 밀어 올리던 새싹도 잠시 멈칫하고, 그곳을 지나며 우리를 엿보던 바람도 걸음을 멈추고 내 시선에 동참해 주는 듯했습니다. 청정한 고요가 찰나로 흐르고 난 뒤, 무엇인가 내 마음을 툭 건드려 파문을 일으켰습니다. 온 세상이 제 마음속으로 들앉은 것 같은 꽉 찬 충만감이 느껴졌습니다. 무엇인가로 꽉 차 있던 내 자신을 내려놓고 내 영혼을 풀어놓는 순간이었지요.

짧은 그 시간이 지나자 마법에서 풀려나온 듯 물은 다시 소리를 내며 흘러갔고, 주변은 다시 소란스러워졌습니다. 나는 현실로 돌아왔지요. 꿈속 같던 그 시간이 다시 아련해졌지요. 내가 그 작은 꽃에 집중하는 순간 나는 그 꽃과 하나가 되었고, 그 안으로 흘러들어가게 되었던 모양입니다. 가슴 저 밑바닥에서 무엇인가 찰랑대는 소리가 들렸습니다. 그것은 새로운 발견이었습니다.

끊임없이 무엇인가를 생각하고 행동해야 안심이 되는 현실 속에서 기쁨 하나를 얻었습니다. 그것은 한 편의 글을 쓰고 나서 느끼는 기쁨과는 다른 희열이었지요. 산고를 치른 작품을 통해 얻는 기쁨은 노력으로 만들어진 인위적인 감정이지만, 자연을 통해 얻는 기쁨은 훨씬 더 순수하고 근원적인 정서이기 때문입니다. 그것은 누릴 준비가 되어있는 사람만이 누리는 감정이겠지요. 무엇이 더 크고 소중한가의 가름은 중요하지 않습니다. 그것은 가름하는 사람들의 의식 차이이니까요.

마음과 몸이 새털처럼 가벼워졌습니다. 얼마만에 누리는 자유인가요? 어쩌면 무엇인가를 꿈꾸며 그 길을 걷던 순간부터 잊고 있던 자유였습니다. 그 통로를 다시 찾을 수 있어 매우 기쁩니다. 생이 열정으로 빛나던 젊은 시절엔 그 에너지에 가려 미처 꿈꾸지 못했던 일이기도 합니다. 인생의 많은 시간을 보내고 나서야 그 길을 알게 되었군요. 빛나던 시절엔 뒤꼍의 소중함을 기억할 여유가 없었을 것입니다. 존재에게 소중한 것은 자신의 밖에 있기보다 오히려 내면의 자유에 있다는 것을 말예요. 세상의 틀에서 자신을 지키느라 지친 영혼에게도 이제 여유를 주어야겠습니다. 조금 늦었다 해도 삶은 언제나 지금, 여기가 소중하니 아쉬워할 이유도 없습니다.

봄바람 따라 나선 길에 예기치 않은 큰 선물을 받았습니다. 이러한 기쁨은 사람에게서나 물질에서는 만나기 어렵습니다. 아무런 대가 없이 작은 생명에 눈길 주며, 반갑게 맞는 마음 낸 것뿐인데 그들로부터 받은 화답은 내 영혼에 긴 여운을 남겨주었습니다. 그래서 자연은 사람의 스승이고, 문명의 부모일 것입니다. 시나브로 변화하는 욕망에 찌든 육신, 지친 영혼을 바람결에 내맡긴 오후나절의 행복이었습니다.

3부

성묘

추석 전날, 친정아버지의 차례를 지내고 시댁 어른들께 미안하지 않은 시간에 도착하려면 나는 이틀 전부터 바쁘게 움직여야 했다. 추석날 아침, 시댁에서 차례와 성묘까지 마치고 나니 점심때가 훨씬 지나 있었다. 내일은 일이 있어서 오늘 친정아버님 성묘까지 강행군하지 않으면 안 되었다. 고창을 출발해서 부안으로 향했다. 다시 부안에서 변산에 있는 아버지 산소에 들렀다가 친정으로 가면 변산 일주를 하게 되는 셈이다. 그 날도 그랬다.

눈이 부시게 파아란 가을 하늘이 파도처럼 넘실대었다. 부안읍을 벗어나 변산으로 향하는 도로에 접어들자 누렇게 익은 벼이삭들이 황금물결을 이루었고 길 양옆으로 코스모스와 들풀들이 향연을 이루고 있었다.

얼마쯤 달렸을까. 언제나 꿈속의 이어도처럼 내 가슴에 자리한 넓고 푸른 바다가 눈앞에 펼쳐졌다. 늘 그랬듯이 나를 침묵으로 안아들이는 저 푸른 물결 곁에 내 아버님의 산소가 보였다. 철이 들 무렵부터 줄곧 가슴에서 우러나오는 목소리로 불러보고 싶었던 아버지. 산소에 도착하자 남편은 잡풀을 뽑아내고 아이들은 방아깨비를 잡으러 뛰어다녔다. 서쪽으로 기울던 태양이 어느새 훌쩍 자란 소나무 가지에 가려 있었다. 1년에 한 번씩 찾아오는 성묘길이건만 뜯어도뜯어도 끝없이 자라나는 잡풀들이 수염 꺼칠한 아버지를 대하는 것 같아 죄스러웠다. 준비해 온 음식들을 차려 놓고 막걸리 한 잔을 따라 올리니 마음이 숙연해졌다. 해는 어느덧 수평선에 걸려 있고 남편은 서둘러 자리를 마무리 했다.

산을 내려오면서도 자꾸만 아버지 계신 곳을 뒤돌아보았다. 어린 시절의 아련한 사연이 담긴 이곳에서 하룻저녁 묵었으면 하는 것이 늘 바람이었지만 여지껏 그러질 못했다. 그러나 오늘은 왠지 이곳에 머물고 싶은 마음이 강하게 일었다. 노을 빛 저 바다의 유혹인가, 내 아버지의 그리움 때문인가. 자꾸만 꾸물거리는 내게 남편은 빨리 차에 오르라고 채근을 했다.

“전에도 늘 그러고 싶어했잖아요. 오늘만 이 곳에서 하룻밤 지내고 갈래요.”

무엇엔가 홀린 듯 나는 여기에 홀로 남겠다고 억지를 부렸고 남편은 하는 수 없다는 듯 불평스러운 표정으로 아이들을 태우고 횡하니 내 앞을 사라져 갔다. 수평선에 걸려있던 태양이 꼬리를 감추고 나자 사위가 어두워졌다. 묵어갈 곳을 찾아야겠다는 생각에 발길을 옮겼다.

10분 정도만 걸어가면 여관이 있었다. 그러나 오늘만은 그러고 싶지 않았다. 고향의 뉘집엔가 머무르고 싶었다. 고향이라 해도 태어난 지 두 해 만에 떠나간 곳이니 타향과 마찬가지일 테지만 마음은 그러지 않는 모양이었다. 땅거미가 스름스름 내려앉아 온 몸을 휘감고 돌자 무섬증이 들었다. 조금 전의 혼자 남겠다는 그 당찬 생각에 조금씩 균열이 일기 시작했다. 마음을 바투 잡고 큰길로 나오자 고향 마을의 불빛이 보였다. 마을에 당도해서 맨 처음 집으로 들어갔다. 마침 할머니 할아버지 두 분만이 계시는 집이었다. 사정을 말씀드리자 쾌히 승락을 해서 하룻밤 묵어갈 수 있게 되었다. 숙소를 정하고서야 안정된 마음으로 친정에 전화를 걸었다. 남편은 사뭇 불평스런 목소리로 전화를 받았지만 감정은 직설적으로 표출하지 않았다.

달빛 휘영청한 오늘밤 이곳에서 제대로 잠을 이루지는 못할 것 같았다. 발걸음은 절로 숙소를 빠져나와 옆 동산으로 옮겨졌다. 간간이, 파도소리 들리는 동산에 올라 얼마의 시간이 지났을까. 이슬이 내리는지 옷이 조금씩 젖기 시작했고 한기가 느껴졌다. 가끔씩 날아드는 풀벌레들이 나를 깜짝깜짝 놀라게 했고 그럴 때마다 꿈결인 듯 몽롱해져 있던 나는 차디찬 현실로 돌아오곤 하였다. 낮 기온에 맞춰 입은 얇은 티셔츠라 살갗을 스치는 밤바람이 차게 지나갔다. 가끔씩 진저리를 치다가 온몸이 떨리기 시작하더니 마침내 위아랫니가 딱딱 부딪칠 정도로 한기가 심해졌다.

머리는 아프고 몸은 물먹은 솜처럼 천근이었다. 간신히 숙소로 돌아와 자리에 눕자 열뜬 내 몸은 공중으로 몇 번이고 날아올랐다. 나는 아버지 무릎에 앉아 재롱을 부리고 있었다. 무엇이 그리 즐거운지 까르륵까르륵 해맑은 웃음소리가 물결치고 있었다. 기억조차 나지 않는 아버지의 얼굴이 그렇게도 선명해 보이기는 처음이었다. 그런데 나를 안고 있던 아버지가 갑자기 황망하게 일어서더니 자꾸만 먼 곳으로 사라져 가는 것이었다.

꿈에서 깨어나자 참담하고 허망했다. 목이 터져라 불러보고 싶던 아버지라는 그 이름. 세 아이의 어미가 된 지금도 여전히 남아 있는 아버지에 대한 그리움과 갈망은 조금도 퇴색되지 않은 채 그대로였다. 단 한번만이라도 보고 싶다던 아버지의 모습이었다.

시댁으로 돌아가야 한다는 부담감 때문인지 일찍 일어나지 못할 것 같았는데 뜻밖에도 동이 틀 무렵쯤에 눈을 떴다. 버스 시간에 맞추려면 아직 여유가 있었다. 이슬 내린

논둑길을 지나 아버지의 산소로 다시 올랐다. 풍성한 가을 들판과 아침 햇살에 반짝이는 이슬 머금은 들꽃 몇 송이가 더욱 아름다워 보였다. 늘 나를 설레게 하던 바다는 썰물이 되어 드넓은 갯벌을 과시했고 이곳에 올 때마다 가보고 싶어 했던 작은 섬들도 알몸을 드러내 쉬고 있었다.

20여 년 전, 그 예전에 처음 이 산을 오르던 기억이 선연했다. 내가 고등학교를 졸업하던 해였다. 내 아버지에 관한 이야기는 단 한 마디도 없었던 어머니에게 항의라도 하듯 나는 무작정 이 마을에 찾아오곤 했었다. 그 때 아버지 혈육이 나 혼자라는 이유만으로도 아버지 산소를 꼭 찾아야 한다는 간절한 소망은 스스로에게 당위성을 부여하였다. 면사무소에 가서 호적등본과 주민등록등본을 떼어 수소문해서 아버지의 산소를 찾을 수 있었다.

돌보는 사람이 없었던 아버지의 무덤은 비바람에 허물어져 그 형태마저 희미해져가고 있었다. 초라한 아버지의 묘지만큼이나 내 가슴에도 황량한 바람이 일었다. 버석거리는 갈잎처럼 내 자신이 부서져버릴 것만 같은 순간이었다. 눈물을 감당할 길이 없어 섧게 울고 또 울었다. 마을로 내려가 낫을 빌려다가 풀을 베고 가지들을 쳐냈었다. 내 살아온 슬픈 날들을 베어버리듯 자리를 다듬자 내 감정은 더욱 격랑이 일었다. 늦겨울의 매서운 바람이 소나무 가지를 흔들고 달아날 때마다 분분히 흩어지는 잔설들은 눈물범벅이 되어 얼어붙을 것만 같았던 내 볼을 사정없이 후려치며 도망쳤다. 이 혹독한 세상에 나만 홀로 버려진 것 같은 외로움이 살을 에이듯 온몸으로 파고들었다.

세상 밖에 나가 공경 받는 여자가 되라고 경희敬姬라는 이름만을 유언처럼 남기고 내가 태어난 지 8개월 만에 돌아가신 아버지. 아버지에 관해선 늘 함구하시는 어머니인지라 나는 지금까지도 내 아버지에 대한 궁금한 말을 한 번도 묻지 못했다. 빛바랜 부모님의 결혼사진 한 장만을 어렵게 구하여 간직한 채 나는 아버지에 대한 그 어떤 추억도 가지질 못했다. 지금 생각하면 아픔만 일렁이는 그런 기억이 전부였다. 처음으로 소주 한 잔을 따라놓고 큰절을 올렸었다.

"당신의 딸 경희가 왔습니다. 어느 곳에서건 아버님 당신이 늘 지켜봐 주신다는 생각으로 든든하게 살고 있습니다." 눈물이 가슴을 타고 흘러 내렸다.

망연히 바다를 바라보고 있는데 인기척이 났다. 돌아다보니 남편이 오고 있었다. 눈물방울이 또르르 풀잎 위에 떨어졌다. 애써 고개를 돌리는 내게 그의 따스한 손이 다가와 볼을 감싸주었다. 우리는 이 아침 아버지를 그리며 묘소를, 그리고 내 고향에서의 하룻밤 소원을 이룬 채 떠나올 수 있었다.

함이 오던 날

잔잔히 흐르는 여울물 소리 위에 사뿐히 내려앉은 봄.

웃음소리 환한 돌담길을 따라 청사초롱 밝혀진 대문을 들어섰다. 황토의 마당을 지나 토방에 오르니 진달래빛의 화사한 신부가 버선발로 우리를 맞아 주었다. 벌써 많은 친척이 와 있었다.

일곱 시가 되자 함잡이가 도착했다는 기별이 왔다. 이슬처럼 맑은 시누이의 얼굴에 들뜬 감정이 역력했다. 그런 그녀가 새삼 부럽다는 생각까지 들었다. 모여 계신 집안 어른들의 이야기가 끊임없이 무르익어 갔고 아낙네들의 손길은 분주하기만 했다. 이윽고 동네 어귀에 달아둔 청사초롱 앞에서 '함 사시오'의 우렁찬 목소리들이 온 집안을 싱그럽게 휘감았다.

신부의 오빠들이 몇 번인가 흥정을 하고 함잡이의 요구에 주방의 일손들이 바빠졌어도 함은 아직 대문 안으로 들어올 기미가 보이지 않았다. 초저녁부터 내리기 시작한 빗줄기는 자꾸만 굵어지고 그러는 사이 밤은 깊어갔지만 아무도 서두르는 사람은 없었다.

잔치는 흥겨웠다. 신부는 예쁘고 사랑스러웠으며 그를 바라보는 신랑의 눈빛은 한없이 다정해 보였다. 참으로 기쁘고 흥겨운 자리에서 나는 자꾸만 눈물이 나왔다. 갑자기 죄책감과 후회로 숨이 막혀와 어머니께 달려가고만 싶었다.

나는 어린 시절 어머니하고 늘 따뜻하게 지내고 싶다는 소망을 갖고 있었다. 젖 뗄 무렵부터 줄곧 외가에서 자라 어머니의 사랑을 거의 피부로 느끼지 못하고 지냈다. 이모들의 사랑은 한없이 많이 받았었지만 그게 어디 어머니의 사랑만 하겠는가. 그래서 나는 어머니가 늘 불만스러웠다. 아니 어머니에 대한 차가운 겨울 강이 내 가슴 속에 흘러드는 밤이 많았다. 성인이 되어 직장을 갖게 되어서도 혼자 독립을 해서 살아야 했다. 그랬으니 어머니와 나는 서로 숨바꼭질만 한 셈이다. 그런 딸이 어느 날 어머니께 불쑥 결혼하겠다는 편지를 보냈다. 한달음에 달려오신 어머니는 진정되지 못한 가슴으로 아무 말씀도 못하시고 사위 될 사람의 얼굴만 몇 번이고 훔쳐보시더니 그대로 버스를 타셨다. 그리고 우리는 서둘러 결혼 준비를 시작하였다.

결혼식을 이틀 앞두고 필요한 것들을 준비하느라 잠깐 집에 들러 왔을 뿐 하룻밤만이라도 같이 있다 가라는 어머니의 말씀을 못들은 척해버렸다. 어리석게도 나는 그렇게 함으로 해서 그동안 어머니께 가졌던 섭섭한 마음을 상계할 수 있다고 생각했던 것이다. 나중에 이모로부터 함 받던 날의 이야기를 전해 듣고 뼈아픈 후회의 눈물을 흘렸다. 그러나 어머니의 가슴은 지금도 여전히 멍이 남아 있을 것이다.

결혼식 전날 신부 없는 방에서 어머니는 함을 받으셨다. 흥겨워야 할 잔치 자리에서 이모들은 어머니의 눈치를 살펴야 했고, 어머니는 그런 시선들을 의식하느라 이중삼중 내색 없는 표정으로 아픔을 삭이셨으리라. 함을 두고 돌아가는 사위의 손을 꼭 잡고

"내 몫까지 사랑해 주게나."

그 말씀뿐 젖은 얼굴을 보이지 않으려 어머니는 뒤돌아 어둠속으로 숨으셨다. 진정 어머니의 아픔이, 슬픔이 어둠속에서 사라져버릴 수만 있다면 어머니는 그 밤 내내 그 속에 서 계셨을 것이다.

그 밤 모두 잠든 후에 어머니는 함 가방을 어루만지며 소리죽여 오열을 터뜨리셨다. 그 분의 가슴을 적신 뜨거운 눈물의 의미를, 그 서글픈 그림자의 의미를 그때 나는 이해

하지 못했다.

신부 없는 방에서 함을 받으셨던 어머니의 심정이 어떠하셨을까 이제야 헤아려지니 가슴이 찢어지는 것만 같다. 당신이 키운 딸이 행복한 표정으로 제 길을 찾아가는 모습을 보아도 어머니는 허전함으로 그 밤 내내 서성였을 것이다. 그런데 생활 틈새에서 어쩔 수 없이 늘 눈물 바람이나 하며 먼발치에서 자라는 걸 지켜보다가 그나마 가슴에 못을 박고 떠나는 딸년을 보내는 마음이야 오죽했을까. 고슴도치마냥 어머니의 상처를 덧내놓고 찬바람 일으키며 가버린 딸을 보면서 어머니는 온 밤을 뜬 눈으로 지새우셨으리라.

이제라도 다시 함을 받아 어머니의 상처 진 마음에 위안이 될 수만 있다면 정녕 그렇게 해드리고 싶다. 아픔도 세월의 흐름에 그 빛이 바래지는 것일까. 허물도 사랑인 양 말하지 않아도 짐작될 수 있는 세월은 언제쯤이나 되려는지. 아프게 멍들었을 어머니의 가슴을 헤치고 그곳에 물풀처럼 휘감긴 상처의 타래를 풀어드리고 싶다.

지난 상념에서 벗어나 주위를 둘러보니 잔치 분위기는 한참 무르익어 여기저기에서 떠다니는 웃음소리로 온 집안이 들썩거렸다. 자리에서 일어나 대문 밖으로 나와 보니 굵은 빗줄기는 어느새 멈춰 있었고 멀리서 희미하게 들리는 개 짖는 소리가 밤이 깊었음을 느끼게 했다. 하늘빛처럼 고운 신부의 행복을 간절히 빌어본다.

보랏빛 조끼로 남은 당신

당신을 생각하면 시나브로 눈물이 솟구칩니다. 그 물기가 응집되려고 가슴이 뜨거워지면 나는 애써 생각을 돌리거나 스스로에게 딴지를 걸어도 이미 생겨버린 눈물을 억제하지는 못합니다. 그럴 때마다 자신을 책망하게 됩니다. 왜 나는 당신을 사랑하지 못하는지, 매를 맞는 심정으로 아프게 자신을 돌아봅니다. 그러나 사랑은 생각이나 노력으로 되는 게 아니라는 것을 알만큼 나도 인생을 살았습니다. 사랑의 눈빛 한 번이, 사랑한다는 몸짓 한 번이, 백 번 사랑한다고 말하는 것보다 더 효과적이라는 것을 아니까요.

내가 더욱 절망하는 것은, 당신과 나의 힘으로는 우리의 사랑을 완결할 수 없다는 느낌 때문입니다. 너무 많이 사랑해서 괴로운 사람도 있는데 우리는 사랑해야 하는데 사랑하지 않아서 괴로운 사이입니다. 인간은 유한한 존재이고, 그 유한성이 나를 더 슬프게 합니다. 왜냐하면 우리도 자꾸만 쇠해가고 있어서 우리의 인연도 언제까지일지 기약할 수 없기 때문입니다. 인연이 다하면 당신이 먼저 떠나고 나도 떠나서 언젠가는 흔적도 없이 소멸되겠지요. 우리가 존재하는 사이 우리의 사랑을 확인하고픈 내 헛된 욕심이 나를 또 슬프게 합니다. 늘 당신의 사랑을 확인하려다 좌절하고 말아 나는 이제 체념의 단계에 이른 건 아닌지 모르겠어요. 사랑이 필요한 유년의 결핍은 그걸 채우지 못하면 언제까지나 빈 동공으로 남는 모양입니다. 사랑 타령을 하기엔 징그러운 이 나이에도 여전히 당신의 사랑을 갈구하고 있는 자신을 보며 스스로도 어처구니없어 하니까요.

방금 당신을 배웅하고 돌아와 보니 거실 탁자에 덩그마니 있는 보라색 조끼가 눈에 들어옵니다. 또 다시 울컥 눈물이 쏟아집니다. 그 눈물에는 많은 뜻이 스며 있을 것입니다. 좀 더 따뜻하게 사랑하지 못한 죄책과 혹여 당신의 존재감에 상채기가 남지 않았을까 하는 안타까움 때문입니다. 당신이 나와 함께 지내는 동안에도 우리는 손발이 맞지 않는 두 사람이 발 묶고 달리기를 하는 것 같았습니다. 내가 이야기를 하고 싶어 하는 내용에 대해서 당신은 입을 다물고, 그렇잖으면 바쁜 나는 대부분 컴퓨터 앞에 앉아 뭔가를 채워 넣느라 용을 쓰곤 했으니까요. 그럴 때, 당신은 거실에서 굽은 허리를 더 구부리고 앉아 침침한 눈으로 그 작은 바늘 코를 찾아 한 땀 한 땀 옷을 지으셨지요. 그러니 내 마음이 얼마나 슬프겠어요? 조끼가 꼭 당신 모습 같아 나는 가슴을 두드립니다. 그것 밖에는 아무것도 할 수 없었습니다.

당신이 내 집에 머무를 때 소일거리로 뜨개질을 하시겠다기에 내 조끼를 만들어 달라 했지요. 시내에 나가 실과 바늘을 구하는데 그 비용이 옷을 사는 것보다 더 들게 되자 당신은 차라리 사 입으라고 하시더군요. 내가 옷이 없어서 그랬겠어요? 어떤 대가를 치르고서도 구할 수 없는 것이 있잖습니까? 돈으로 살 수 없는 그걸 위해 나는 당신에게 내 옷을 맡긴 것이지요. 당신이 손수 짜주신 옷을 입어보고 싶었던 게지요. 당신의 정성이 담긴 옷을 입으며 내 비어있는 유년의 동공을 채워주고 싶었을 것입니다. 사랑 받지 못해 아직도 웅크리고 있는 내 마음의 한 지점을 그렇게라도 위무하고 어루만져 주고 싶었을 겁니다. 이제, 나도 나를 위해 적극적인 몸짓을 하려 했습니다. 당신은 그런 나를 이해하실 수 있는지요?

당신은 내 존재의 집이었지만, 당신 안에서 나는 한 생을 시작했지만 우리의 숙명은 너무 얄궂어서 서로를 사랑할 기회를 얻지 못 했습니다. 그래서 나는 지금도 당신에 대한 허기를 느끼고 있는 걸까요? 나는 당신을 갈망하지만 당신은 이제 내게 줄 에너지가 남아 있지 않아요. 당신과 나는 왜 이리 만나지 못하는지 모르겠어요. 당신이 나를 껴안아 줘야 할 땐 서로의 운명 때문에 같이 살거나 사랑할 여유가 없었고, 이제 내가 당신을 사랑해야 할 때인데 사는 일이 더 급급해서 당신을 바라보고 있을 수가 없습니다. 이 무슨 운명의 장난인가요? 그런 당신이 내 집에서 잠시 머물다 가시니, 이제야 또 안쓰럽고 연민스러워집니다. 우리는 이처럼 마음의 교집합이 불가능한 운명인가 봅니다. '헤어지면 그리웁고 만나보면 시들하고 ……' 내가 어렸을 때 당신이 잘 부르던 노래의 가사처럼 말입니다.

당신이 눈앞에 있을 땐 사랑 하지 못하고, 멀리 있을 땐 안타까워 눈물 흘리는 이 아이러니한 우리의 관계를 나는 이제 운명이라 지칭합니다. 그것이 운명이라면, 나는 안타깝지만 이제 인정하고 나의 생각을 바꿔야 합니다. 당신이 내게 흠뻑 적실 수 있는 풍요로운 사랑을 줄 수 없는 운명이었다면, 나는 이제 그 운명을 받아들여 내 결핍 속의 당신을 놔 줘야 합니다. 사람의 힘으로 어찌 할 수 없는 것이 사랑이기 때문입니다.

그러나 이제 내게는 당신을 대신해서 나를 위로해 줄 수 있는 보랏빛 조끼 하나가 생겼습니다. 당신의 생을 표징하는 환유의 기호 같은, 거칠고 딱딱해진 손으로 내가 입을 조끼를 뜨는 당신의 모습도 내 가슴에 꼭꼭 담았습니다. 당신으로 인해 내가 서글퍼질 때가 있으면 그 때에는 이 보랏빛 조끼가 나에게 위안을 줄지도 모릅니다. 어쩌면 이 추억이 서글픈 운명을 뛰어넘어 우리의 사랑을 복원시켜 줄지도 모른다고 나는 억지라도 부리고 싶은 심정입니다. 그 누군가에게라도 말입니다.

나는 잘 걸어온 것일까

최근 들어 구두 굽의 높이를 낮췄다. 평생 서 있거나 걸어온 발은 내게 통증을 전하는 것으로 이제 편해지고 싶다는 신호를 보냈다. 그만하면 오래 견뎌왔다는 측은지심이 생겨 그동안 무심하게 대하던 발을 눈여겨보니 엄지발가락이 약간 휘어졌다. 그것은 내가 넘어지지 않고 앞으로 나아가도록 지탱해주다 생긴 삶의 궤적이다. 내 삶을 이 발에 맡기고 동분서주하며 앞으로만 내달려오는 동안 힘들기도 했겠다. 덕분에 넘어져 깨지거나 쓰러지는 일 없이 잘 걸어온 발을 어루만져 보았다.

어느 일요일, 시골에 계신 친정어머니의 전화를 받았다.

"아무 말 하지 말고 네 통장번호 좀 알려주니라."

어머니의 목소리와 말투는 사뭇 단호했지만, 나는 풋풋 웃고 말았다.

“엄마, 갑자기 통장번호는 왜요?”

“내가 너에게 돈을 좀 줄라고 그런다.”

어머니가 내게 돈을 주시겠다는 말씀에 나는 또 웃음이 나왔다. 돈은 항상 내가 어머니께 드렸지 받을 것은 상상해 본 적이 없기 때문이다. 나는 어머니의 돈을 받고 싶지 않아서 얕은꾀를 부렸다. 통장번호를 외우지 못하니 나중에 알려드리겠다며 전화를 끊었다.

그 후 한 달이 지나고, 같은 내용의 전화를 세 번 더 받게 되자 어떻게든 마무리를 해야 한다는 생각이 들었다. 돈을 받지 않으려면 어머니를 설득해야 하는데 어떻게 말씀드려야 오해를 하지 않으실지 고민스러웠다. 단단히 맘을 다지고 시골집으로 가서 어머니와 마주 앉았다. 그리고 나는 내가 할 수 있는 모든 이야기를 동원하여 내 생각을 전하고자 하였지만 어머니는 막무가내였다.

“그것은 네 마음이고, 내 마음은 그렇지 않다.”

“어머니의 마음은 잘 받았으니 돈은 어머니 쓰고 싶은대로 쓰세요. 평생 고생하며 사셨으니 이제 하고 싶은 것을 하며 행복하게 사셨으면 좋겠어요.”

“너는 끝내 내 마음을 아프게 하는구나.”

어머니도 나 때문에 아파하신 적이 있다는 말씀에 나는

조금 흔들렸지만 물러서지 않았다.

"네가 결혼한 후에 10만원을 빌려 달라 했는데 그때는 그것도 없어 주지 못한 것이 한이 되어 그런다. 이 통장은 네 몫이다. 내가 언제 죽을지 모르는데 … 네가 가져가지 않으면 어디에 두어봐야 잊어버리고 말 것이다."

나는 어머니가 내 생각을 바꾸기 위해 거짓말을 하신다고 생각했다. 결혼 전에도 어머니께 손 벌린 일 없었는데 의지할 남편을 두고 도움을 청하진 않았을 테니까. 어쨌든 나는 어머니의 확고한 마음을 바꿀 수 없겠다는 생각이 들자 다른 이야기로 화제를 옮겼다. 그리고 저녁때가 되자 어머니는 내가 들고 갈 푸성귀를 챙겨주시며 사위 저녁 걱정을 내세워 어서 가라고 등을 떠밀었다.

어떤 일이든 오랜 시간 계획하고 준비해온 사람에게는 당할 재간이 없다. 집으로 돌아오는 길, 운전을 하다가 무심히 눈길이 간 조수석 앞에 통장이 떨어져 있다. 어머니는 통장을 푸성귀와 함께 들고 와 차 안에 던져두셨던 것이다. 차를 돌려 시골집으로 되돌아갈까 하는 생각도 들었지만 나는 갓길에 차를 세우고 통장을 열어보았다. 그 안에는 어머니가 수 년 동안 적금을 부었다가 찾은 계산서가 그대로 들어 있었다. 이 돈을 마련하고자 당신이 얼마나 애쓰고 정성을 들였는지가 한눈에 읽혀져 다시 되돌아 갈 수 없었다. 거절하면 안 될 것 같은 생각이 들었다. 오죽하면 30여년

전 돈을 빌려달라고 했다는 말씀까지 지어내셨을까. 이 돈을 받아 당신을 위해 쓰면 된다는 생각이 들었다.

운전을 하면서도 자꾸 자조적인 웃음이 나왔다. 물질이든 사랑이든 필요할 때 줘야 고마운 법이라는 생각 때문이다. 내가 간절하게 기다리던 어머니는, 어머니의 관심이나 사랑은 내가 필요할 때에는 내 것이 되지 못했다. 어디서든 기죽지 않고 당당했던 내가 왜 의붓동생들과의 사이에서는 그리 조심하며 살았을까. 어머니의 사랑은 동생들에겐 자연스럽고 당당한 것이었으나 내게는 그러지 못했다. 그런 가운데 어머니는 내게 무관심 했고, 나 또한 어머니에게 무엇을 달라고 요구하지 못하고 거의 스스로 해결하며 살았다. 그런 내게도 어머니의 손길이 간절하게 필요할 때가 있었지만 어머니는 내 차지가 되지 않았다. 성인이 되어서도 관계는 크게 변하지 않았고, 나는 상처받지 않기 위해 심리적 거리를 두며 살았다.

이순을 목전에 둔 내가 누구에게 무엇을 바라랴. 많이 가지진 않았어도 자족하고, 내 것이 아니면 눈길 주지 않는 마음으로 살다보니 사람과의 관계에서도 최소한의 내 몫을 하며 담백하게 살고자 했다. 어머니께도 효녀는 아니지만 그럭저럭 장녀 노릇을 할 만큼은 해왔다. 그런 내게 뜬금없이 어머니가 돈을 주시겠다니 이런 상황을 꿈꿔본 적 없는 내게는 생뚱맞다는 생각마저 들었던 것이다.

집에 돌아오니 남편은 내 기분이 좋아 보인다고 했다.

“어머니가 ‘너는 끝내 나를 아프게 하는구나’ 하시는데 내 마음이 움직이더라니까. 어머니에게 나도 아픈 자식이었구나 하는 생각이 들어서…. 그리고 돈 때문이 아니라 내게 당신의 마음을 전하기 위해 오랜 시간 들인 정성이 느껴져서… ”

불쑥 튀어나오는 말을 통해 비로소 나는 그만큼 외로움에 움츠렸던 작은 아이를 발견한다. 꿋꿋하게 어머니의 돈을 받지 않겠다는 것은, 유년 시절 사랑받지 못한 아이의 항변이었으며 흰머리 돋는 나이에도 아픔은 치유되지 못했음의 징표였다. 겉으로 보기엔 성숙을 넘어 늙어가는 한 여자의 내면엔 얼마나 다양한 모습의 내가 존재할까. 반짝이는 이성의 냉철함 뒤에 숨어 있는 아이 같은 유치한 감정들, 아름다운 언어와 행위 속에 섞여 튀어나오는 추한 생각들도 있을 테다. 생은 어느 한 모습으로 살아지거나 귀결되는 것은 아닐 터이니 어떤 것도 나일 것이며, 내 어머니 또한 그러했을 것이다. 그 중 어느 모습을 더 드러내 살았는지가 나와 어머니의 삶을 결정짓게 했을 것이다.

내 삶의 무게를 지탱해왔던 두 발을 내려다본다. 육신의 발은 흘러간 시간만큼 닳고 굽어졌지만 내 마음 속에 존재하던 유년의 아이는 이제야 위로받고 성숙해간다. 생이란 무엇인가를 얻으면 다른 무엇은 내주거나 잃어야 하는 것인지도 모른다. 그처럼 삶이 겸손해야 하는 이유는 완전하지 못하기 때문일 것이다. 이 발 덕분에 넘어져 피 흘리거나 살갗이 덧난 적 없다고 만족해한 나는 과연 잘 걸어온 것일까. 넘어지지 않았다는 것은 중심 잡고 잘 걸었을지언정, 내게 주어진 다양한 세계를 걷지 못했거나 외면했을 수도 있다. 그런 이가 진실로 세상의 슬픔과 고통을 이해하고 품을 수 있을까. 삶이란 새로운 시간과 대상을 끊임없이 맞이하며 사는 것일 텐데, 이제 두려움 없이 길을 나서도 좋겠다.

어머니의 기도

나는 열다섯 살에 집을 나갔다. 한석봉은 글을 배우기 위해 가출을 했고, 홍길동은 제 혈육조차 맘대로 부를 수 없는 서출의 신분이었지만 세상을 향한 대의를 품고 집을 떠났다. 적어도 그는 자신의 개인적 문제에 생을 함몰시키지 않고 나라를 위한 큰 뜻을 품어 승화시키려 한 것이다. 하지만 나는 그렇게 큰 인물이 될 조짐이 애시당초 없었으므로 가출의 서러움을 개인적 아픔에 국한시킬 수밖에 없었다. 어쨌든 나는 요즘 아이들처럼, 누가 뭐라 하지 않아도 내면에서 솟구치는 열기(사실 원인이 다 있지만)를 이기지 못해 집을 나간 것은 아니었다. 내가 더 이상 집에서 견디지 못할 거라는 확신을 가질 무렵, 딸의 기운을 감지한 어머니가 먼저 가출을 거들어 주셨다. "이제 집을 나가거라."

그 방법이 어머니와 내가 다 같이 사는 길이라는 것을 알고 있기에 어느 달 밝은 가을밤에 얇은 보퉁이 하나를 가슴에 안고 집을 나서 터덕터덕 무거운 발걸음을 떼었다. 휘영청 밝은 달밤의 개 짖는 소리가 그토록 처량할 줄이야. 어쩌면 불감청이언정 고소원이었겠다. 그러나 그건 내가 먼저 한 말은 아니었다.

정월 보름이 지난 산사. 기도를 마치고 법당을 나오며 마주보이는 선방 스님들의 방을 건너다본다. 가지런히 놓여 있던 스님들의 털신이 보이지 않는, 댓돌 위가 텅 비어 휑하다. 미풍에 살랑이는 댓잎 소리같은 스산함이 마음을 잠시 스쳐간다. 마음자리 찾고자 기도하고 나오며 눈으로 있고 없음을 분별하여 감정을 일으키다니, 혼자만 아는 웃음을 웃는다. 동안거를 마친 스님들이 각자 자신의 토굴로, 혹은 살고 있던 본사로 떠났다. 누군가, 무엇인가 함께 한다는 것은 존재 자체로도 그득하게 채워지는 것이라는 걸 다시 느낀다. 그 스님들이 이곳에서 참선을 하며 백일 동안 머무는 동안 나와 마주친 적도 별로 없다. 멀리서, 그 분들이 청정한 본래의 마음 찾기 위해 수행을 하고 있는 것을 보며 막연한 위안 같은 느낌 이외엔 나와 직접적인 관련이 없었다. 그럼에도 왜 나는 그 스님들을 마음에 담고 있었을까.

"이 상황에서 너와 내가 어떻게 살아가겠니? 이제 집을 나가거라." 어머니는 나를 위해 먼저 가출을 허락해 주셨다. 아니 나는 쫓겨난 것이다. 어머니 말씀 이전에 내가 먼저 선택하고 감행했어야 할 일이었다. 내가 능동적으로 선택한 것과 어머니의 말씀에 따른 것과는 천지 차이였다. 나에게 가출은 그 현실에서 최선의 선택이었지만, 그래서 아무 불만 없이 기꺼이 집을 나왔지만 내가 모르는 어린 내 마음의 한 부분(무의식)은 어머니로부터 거부당했다는 화인이 강렬하게 남았다. 가난과 가혹한 시집살이로 더 이상 견딜 수 없는 어머니는 데려온 자식을 미지의 세계인 벼랑 끝으로 밀어뜨릴 수밖에 없었다. 어쩌면 모험이 따르지만 바깥세계가 더 안전할 수도 있었을 테니까. 그로 인해 나는 육신의 자유를 얻었지만 어머니와 나는 불운한 모녀지간이 되었다.

불행히도 나는 그 화인의 자국만큼이나 강하게 마음에 못질을 했다. 어머니는 내 마음 속에 들어올 수 없었다. 어머니를 거부하는 것이 거부당한 어린 자신을 지킬 수 있는 유일한 방어기제였다. 훗날, 내가 아이들의 어머니가 되어 어미의 마음을 지니게 되었을 때 내 어머니를 이해하고자 하였으나 닫힌 마음은 열리지 않았다. 그래서 괴로운 것은 이성을 가진 나였다. 어머니께 잘못하는 일은 없었으니 불효하지는 않았지만 도대체 어머니를 사랑할 수가 없었다. 어머니는 점점 쇠잔해지고 저러다 돌아가시면 나는 얼마나 후회할까. 사랑해야 할 사람을 사랑하지 못하는 것 또한 괴로움이었다. 나는 어머니에게 마음을 주고 싶었으나 진심이 생기지 않았다. 다른 모녀지간처럼 살뜰하게 어루만지는 사랑이 되지 못했다. 불씨를 붙여 점화를 해보았으나 불발탄으로 끝나기 일쑤였다. 왜 진실로 마음이 가지 않는지 기도를 하며 그 마음을 들여다보기 시작했다. 원인의 시초는 그때 내가 있었으니 나의 문제였으며 우리 모녀의 인연 때문이었다. 그 업장으로 마음에 매듭이 생겨 서로 얽힌 것이다. 업장의 이치가 보이니 풀어가는 방법도 알게 되었다. 드디어 마음 가는대로만 하자고 생각하니 억지가 없어지고 편안해졌다. 그것이 내 기도의 시작이었다. 마음을 들여다보는 능력과 기도의 시간은 비례하였다.

"아야, 내가 예진이 합격하라고 기도하고 왔다." 며칠 전에 전화를 했더니 교회에 다녀오셨다는 어머니의 대답이다. 울컥, 뜨거운 속울음과 함께 눈시울이 적혀진다. 나에 대한 애틋함을 한 번도 보이지 않았다는 궁핍한 내 기억들을 어머니의 한 마디가 모두 씻겨보내고 있었다. 너무나 핍진했던 어머니의 생에서 내 몫의 사랑까지는 내 줄 수 없었던 어머니가 이제 내 딸인 손녀의 시험 합격을 위한 기도를 하실 만큼 마음을 내신 것이다. 나는 내 딸의 어머니. 내 딸을 위한 기도를 하신 내 어머니. 먼 옛날부터 할머니에서 어머니로, 어머니에서 딸로 이어져 온 여자들의 가난하고도 슬픈 사랑이 오롯하게 서는 순간이었다.

삼칠 일 기도를 마치는 마지막 날, 내 기도는 방향을 바꿔 세상을 향한다. 내 마음에 걸리는 장애가 없으니 내 가슴도 수월하게 열린다. 비록 비유할 수 없는 일이라 해도 동안거 동안 스님들이 청정한 마음의 진면목을 찾아 세상을 밝혀보려 했던 것처럼, 나는 미약하지만 나와 인연 있는 세상의 모든 생명들이 원만하게 살아가기를 기원한다. 진실로 자신의 존재를 소중하게 받아들인 자만이 타인도 소중하게 품을 수 있다. 내 사랑은, 이제 시작이다. 제 길을 찾은 내 사랑이 비록 옹달샘의 물처럼 작은 것일지라도 내 마음을 열고 세상을 향해 솟아나길 기원한다. 이제 길고 긴 숙명의 강을 건넜으니 타고 왔던 뗏목을 버릴 시간이 되었다.

엄마였군요?

오랜만에 가깝게 지내던 두 부부가 만나기로 한 날이었다. 모처럼의 약속을 했는데도 갑자기 일이 생겨 나는 전주에 갔다가 늦게 도착하였다. 나름대로 서둘렀어도 식당에 도착해 보니 약속시간이 30분이나 지나 있었다. 물론 남편이 먼저 나가 자리를 같이 하고 있지만, 약속시간을 정한 사람이 늦는 것은 상대에 대한 예의가 아니기도 했다. 마음 급한 탓에 홀 안을 두리번거리며 남편의 자리를 찾다가 나는 그만 쟁반을 든 도우미와 부딪치고 말았다. 그녀는 출입문을 밀고 들어오는 손님을 보며 인사를 하다가 내가 서 있는 것을 미처 보지 못했던 모양이었다. 다행히 큰 문제는 없었지만 물세례를 받은 나는 다소 당황스러웠다.

그녀의 안내를 받아 방에 들어가니 메인 요리가 이미 나와 있었다. 도우미에게 내 몫의 세팅을 부탁했다가 취소하고 물김치만 하나 더 달라고 했다. 배가 고픈 상태도 아니어서 남아있는 음식으로도 충분하다는 생각이었다. 그러나 주방쪽으로 사라진 도우미는 좀체 오지 않았다. 늦게 온 대가로 내게 내려진 벌주가 두어 순배 돌고나서야 그녀는 물김치를 가지고 나타났다. 내 앞의 선배가 나를 의식해서인지 너무 느리다고 자기 의사를 표현했다. 내가 보기에 그녀는 매우 불안정하게 행동을 했다. 처음엔 새로 개업한 음식점이어서 아직 직원교육이 서투르다고만 생각했다. 그만큼 그녀는 덤벙댔고, 실수를 하면서도 손님의 주문에는 늦게 대처했다.

방 안에는 우리와 다른 한 팀이 식사중이었다. 동기생으로 보이는 남자 넷은 술이 불콰하게 오르는지 같은 공간에 다른 이가 있다는 것을 전혀 모르는 것처럼 굴었다. 그들의 목소리가 커지니 이야기가 내 귀에도 들어왔다. 그들은 누군가를 발가벗겨 내동댕이치기도 하고, 누군가를 미화하여 구름 위에 띄우기도 했다. 아무개는 어떻게 출세를 했고, 아무개는 어떻게 망했는지 그들의 사생활 모두가 공개되고 있었다. 조금만 들어보면 결국 내게 도움이 되는 이는 좋은 놈이고, 해가 되거나 도움이 되지 못하는 이는 나쁜 놈이었다. 인간은 그렇게 도 아니면 모가 되어가는 존재들인가. 편한 동기생들끼리 술자리에 모여서 하는 소리라 해도 너무 편협적이었다.

곧 일어설 듯하면서도 술 좋아하는 선배는 잎새주 한 병을 더 주문했다. 끓고 있던 그릇에선 국물이 졸아들어 나는 육수를 부탁했다. 옆 테이블에 있던 도우미가 그들이 따라주는 술잔을 받으며 알았다고 대답했다. 선배네가 조금 불편한 기색을 보였지만 우리가 뭐라 할 사항이 아니었다. 그들은 도우미에게 농지거리를 하며 무언가 대답을 요구하고, 쉽게 그 자리에서 보내줄 것 같지 않았다. 음식점에서 밥을 먹는 사람들이 도우미에게 술을 권하는 것도 볼썽사나웠지만 할 일을 못하게 붙잡고 있는 품이 영 마뜩잖았다. 그녀는 미혼인지 기혼인지 가늠하기 어려운 나이로 보였다. 그녀 또한 이러지도 저러지도 못하겠다는 엉거주춤한 태도로 우리의 눈치를 보고 있었다. 그쯤 되자 그녀에게 조금씩 신경이 쓰이기 시작했다. 저 여자는 어쩌려고 저러는 것일까. 결국 주문한 잎새주와 육수는 식욕을 상실한 우리가 그만 일어날까 모의의 눈빛을 교환할 때쯤 나왔다.

선배네가 그만 가자며 자리에서 일어섰다. 옆 테이블의 모습이 가관이기도 했고, 더 이상 술을 즐길 분위기는 사라져 버렸다. 우리는 조금 멋쩍었지만 그게 낫겠다고 생각했다. 남편은 계산대로 가고, 나는 화장실로 향했다. 조금 후에 누군가 화장실에 들어오더니 내가 있는 칸의 문을 세게 잡아당겼다. 볼 일을 보고 일어서려던 나는 당황했다. 다행히 문을 잠그고 있었으니 망정이지 하마터면 꼴사나운 광경을 연출할 뻔했다. 누군지 참, 몰상식하다고 생각했다. 문을 열고 나오니 우리 방 도우미를 하던 여자였다. 참, 예쁜짓만 골라서 한다고 생각했지만 말은 하지 않았다. 절이 싫으면 중이 떠나면 되지, 이 식당에 다시 안 오면 되지, 혼자 생각하며 손을 씻었다.

"민우야, 엄마야."

잠시 틈을 두고

"무서워도 조금만 참고 있어. 엄마 한 시간 후면 집에 갈 수 있어. 그래도 무서우면 텔레비전 크게 틀고 만화 보고 있어. 좀 있다 또 전화할게."

손을 씻던 내 가슴에 작은 파문이 일었다. 서정주 시인의 〈나는 다섯 살 때 외로움을 알았다〉와 '나도 그랬지'가 동시에 무의식을 헤집고 불쑥 의식의 표면으로 끼어들었다. 하루를 보내는 일이 지루하고 따분한 아이가 혼자 해바라기하다가, 해설핏 해지면 마루에 앉아 다리를 흔들며 사립문으로 들어올 엄마를 기다리던 모습이 떠올랐다. 외로움, 두려움을 가까스로 눙치려고 다리를 흔들다 까만 고무신이 툭 떨어짐과 동시에 앙앙 울음보를 터뜨리던 아이. 기어이 해는 산 너머로 숨어들고, 어둠이 스멀스멀 밀려들면 서러움에 지쳐 그대로 잠이 들었던 그 시간. 아픈 통증이 작은 회오리를 일으켰다. 그녀의 집엔 엄마를 기다리는 아이가 있었다.

"아, 엄마였군요?"

앞 뒤 없는 내 말에 그녀가 화들짝 놀랐다.

"선생님, 이해해 주세요."

"뭘요? 나는 아무말도 하지 않았는데요."

"제가 잘못하고 있었다는 거 알아요. 제발 컴플레인만 걸지 말아주세요."

"아, 나는 단지 댁이 아이 엄마라는 걸 알았다고 말하고 있는 거예요. 나는 아무 말도 할 생각이 없어요."

"그래도 안심이 안 돼요. 제가 잘하도록 노력할게요."

"글쎄, 우리가 불편했던 건 사실이지만 그뿐이에요. 아이를 두고 온 엄마 맘이 얼마나 불안했겠어요? 그럴 수밖에 없었을 거예요."

엄마, 엄마라는 말 한 마디에 나는 옴짝달싹 하지 못했다. 그 순간엔 도덕도, 상술도, 이해타산도 그 어떤 것도 모두 무력해졌다. 술기운이 아직 있는 그녀는 나를 붙잡고 계속 말을 하고 싶어 했지만 나는 슬그머니 그녀의 손을 거두고 밖으로 나왔다. 계산을 끝낸 그가 내가 나오지 않자 화장실 앞에 와 서 있었다. 그 옆에는 매니저가 함께 있었다. 나는 혼잣말처럼 '손을 좀 씻느라고 …… 기다렸어요?'라며 이미 마른 손을 옷에 쓰윽쓰윽 문지르는 시늉을 하였다. 참 내, 어이없다는 남편의 소리를 귓전으로 흘리며 나는 어리둥절해 있는 매니저의 앞을 성큼성큼 지나 출입문으로 향했다.

옛 우물

햇살 따가운 늦가을 한낮, 창가에 앉아 저만치 길 건너에 눈길을 주고 있다가 나는 깜빡 졸음에 빠져들었다. 그건 순전히 가을 햇살 때문이었지만 나는 조금도 그를 탓하지 않았다. 아주 짧은 잠에서 깨어나자 요즈음 자꾸만 나를 꼬드기던 그 무엇의 정체를 알 것 같았다. 나는 더 이상 망설이지 않고 자리를 털고 일어섰다. 손가방 하나만 달랑 들고서 터미널로 향했다.

버스를 타고 낯선 동네처럼 느껴지는 고향 마을에 당도했다. 어느 동네 어귀에서 몰아왔는지 팔랑거리는 낙엽을 실은 바람이 내 앞에서 공중제비를 한 차례 돌고는 사라졌다. 드문드문 사람이 사는 집들을 지나 내가 살던 옛집에 찾아들었다. 동네에서도 외따로 떨어져 있던 옛집은 형체는 그런대로 유지하고 있었지만 모든 것이 낡을대로 낡아 바람이 세차게 불면 날아갈 것처럼 위태해 보였다. 대문이 없어도 흉이 되거나 불편하지 않던 옛시절. 싸리나무를 엮어 만든, 두 살 박이 어린 아이가 보아도 집 안팎이 훤히 들여다보이던, 키 낮은 사립문이 형태도 없이 망가지고 이 빠진 노인의 허전한 잇몸처럼 대문은 휑해 있었다. 생명 있는 것들은 거개가 다 스러져갔어도 유독 담쟁이넝쿨만은 그악스럽게, 황톳빛 낮은 흙담을 감아들고 있었다. 그 그악스러움이 의지롭다고 생각되기는커녕 오히려 서글퍼 보인 건 소슬한 늦가을의 내 감정 탓이었을까?

우거진 잡초마저 다 말라 사윈 마당을 지나다가 나는 걸음을 멈췄다. 산새 한 마리가 푸드득 날아가는 곳으로 시선을 보냈더니 바로 감나무 밑의 우물가였다. 아! 가끔씩 꿈속에서 만나던 그 우물이었다. 내 유년의 기억 속에서 우물물은 언제나 맑고 시원하게 찰랑댔다. 바닥이 훤히 들여다보이는 깊지 않은 물속에는 흰 구름이 흘러다니고 바람 타고 날아온 가랑잎 두어 잎이 돛단배처럼 떠다녔다. 어디 그뿐인가. 지붕 위의 박을 따서 만든 앙증맞은 바가지가 언제나 둥둥 떠 있고 그 속에는 더러 메뚜기나 풀무치가 손님으로 앉아 있기도 했다.

우물은 작으며 깊지 않아 옹달샘이라고 부르는 것이 더 잘 어울렸다. 두레박을 사용하지 않고 바가지로 퍼올린 물은 참으로 달디달았다. 우리 가족을 위해 헌신한 우물이었지만 그 자리를 떠나간 사람들은 어디 기억이나 해 줄까? 가끔씩 그들의 추억 속에 끼어 기억되었다가 별 의미 없이 잊혀지곤 하던 옛 우물. 우리들의 생성과 소멸의 윤회를 묵묵히 지켜봐 준 그 우물.

동생들이 태어날 때마다 할머니는 채전에서 그 탯줄을 태우고 돌아와 나를 부르곤 하셨다.

"아야, 어서 와서 물 한 바가지 퍼주그라이?"

나는 어머니가 누워있는 안방 마루에 걸터앉아 그 짧은 다리를 흔들다가 우물가로 쪼르르 달려가곤 했다. 아직 젓가락질도 서툰 작은 손으로 바가지를 잡고 물을 떠서 대야에 부었다. 그렇게 잦은 손질 끝에 세숫대야에 물이 가득 채워지면 어린 나는 힘이 부쳐 큰 숨을 몰아쉬었다.

"니는 동생이 생겨 좋겠다이."

할머니는 손주가 늘어날 때마다 주체할 수 없는 기쁨을 그렇게 내색하셨다. 동생들이 태어날 때면 나는 습관처럼 이곳을 맴돌았다. 안채에서 가장 멀리 떨어져 있어 어머니의 외마디 비명 소리를 피해서였다. 그러나 신경이 안채에 모여져 있는 내게 어머니의 앙다문 고함소리는 너무도 가깝게 들여왔다. 그래서일까. 나는 이곳에서 번번이 동생들이 내는 태초의 울음소리를 들을 수 있었다. 다섯째인 막내가 태어났을 때 나는 한 손으로도 물 한 바가지를 너끈히

퍼 올릴 만큼 자랐다.

내 언니나 오빠 같던 고모나 삼촌들이 결혼을 해서 모두 분가를 하고 할머니의 머리카락이 하얗게 변했을 무렵이었다. 학교에서 돌아온 나는 책을 싼 보자기를 마루에 벗어 던지고 우물가로 갔다. 칠월의 뙤약볕 길을 걸어와 발갛게 탄 얼굴에선 땀방울이 송글송글 맺혀 있었다. 물을 한 바가지 들이부으려 작정을 하고 다가간 나는 소리를 지르며 집 밖으로 뛰쳐나갔다. 그리고 동네 아이들을 모아 의기양양하게 집으로 돌아왔다. 아이들은 호기심 반 두려움 반으로 몽둥이 하나씩을 들고 우물가로 몰려갔다. 그러나 쿵쾅거리는 가슴을 조이며 다가가 우물 속을 들여다 본 아이들은 일제히 내게 치이, 하는 야유를 보냈다. 그리고는 있긴 뭐가 있느냐며 내게 달겨들어 군밤 세례를 퍼부었다.

그 날 저녁나절, 우물 속에서 또아리를 틀고 있는 황사를 보았다는 내 이야기를 들으신 할머니는 내 경솔한 행동에 대해 혀를 끌끌 차셨다. 황사는 그 우물의 업이라는 것이다. 그 업이 나가면 우물은 자연히 말라버려서 메꾸지 않으면 안 된다고 하였다. 맨 처음 황사를 본 사람이 그 물을 마시면 문제가 없다고 하시는 할머니의 표정은 어두웠다. 그 후 나는 이 우물에 대해 외경심을 품게 되었고, 나 스스로도 조신하게 행동하려 애를 썼다. 숙녀가 된 것처럼 느껴져 스스로도 가슴이 벅찼다. 할머니는 십여 년을 더 사셨고 다행스럽게도 그 분의 염려와는 달리 우물물은 언제나 넘쳐났다.

오소소 소름이 돋았다. 유년의 그때 또아리를 튼 무진장 큰 황사가 떠올랐기 때문이다. 그러나 지금은 주황빛의 황사 대신 어느 짓궂은 아이가 버렸는지 땟국이 좔좔 흐르는 운동화 한 짝이 둥둥 떠 있을 뿐이다. 늘 풍성하게 넘쳐흐르던 그 물이 이제는 반으로 줄어 폐허의 기분이 느껴졌다. 우물 주변의 마른 풀 속에 살던 거미가 집을 지어 한층 더 을씨년스러웠다. 한 집안의, 몇 대를 이어 수많은 사람들의 생명을 이어주던 옛 우물. 떠나버린 사람들은 매정하게 잊어버리지만 남아있는 것들은 이렇듯 가슴 아프게 초라하다. 이 물을 마시며 꿈을 키우던 그들은 모두 허울 좋은 꿈을 좇아 떠나가고 이끼 낀 우물만 고즈넉히 남아 있기 때문이다.

늦가을의 스산함을 아는 나이가 되어버린 때문일까. 가슴에 찬바람이 분다. 기껏 이런 찬바람이나 잡아보려고 나는 그렇게 무언가에 홀려 있었던가. 어쩜 사라지는 옛 것에 대한 아련한 통증이 내 스스로를 견딜 수 없게 해 여기까지 흘러 왔는지도 모른다.

이제 우리에게 남아있는 순수한 정서와 습속을 새 문명으로 대체해야 하는 시대적 비애스러움까지도 껴안을 품을 가져야 하는 걸까.

여심女心

막내 녀석을 데리고 병원엘 갔다. 건강한 아이인데도 좀 무리를 하면 편도가 붓고 열이 심하게 오르는 경우가 종종 있다. 이 아이의 아킬레스건인 셈이다. 이른 시간인데도 불구하고 병원 안에는 노인들이 대여섯 명이나 대기하고 있었다. 빈자리를 찾다보니 우리는 노인들과 마주앉게 되었다.

환자가 많았지만 내과 병원이기 때문에 실내는 비교적 조용했다. 응급 환자가 있는 것도 아니고 대부분 감기 환자거나, 장기간 치료를 받아왔던 사람들이어서 차분한 분위기였다. 그럴 때 누군가 '댁은 어디가 아파서 왔소?'하는 질문을 하거나, 자신의 이야기를 시작하면 주변 사람들은 그 이야기에 귀를 기울이기 마련이다. 노인들은 더러 자신의 병치레에 지겨워하면서도 은근히 효도하는 자식 자랑으로 열을 올리기도 한다. 아들 녀석의 체온을 재고 난 다음 여유가 생기자 나와 정면으로 앉아있는 할머니들에게 관심이 가기 시작했다. 나란히 앉은 두 할머니는 비슷한 연배로 보였다. 그러나 외모로 나타나는 두 노인은 대조적이었다. 그래서인지 두 노인은 서로 뭔가를 탐색하는 것처럼 힐끔힐끔 쳐다볼 뿐 직접적인 대화는 하지 않았다.

한 할머니는 키가 작달막하고 피부가 가무잡잡하며 살집이 꽤 있어 보였다. 모자를 쓰고 있었지만 흰머리는 그리 많지 않았다. 다부져 보이는 체격 탓인지 요샛말로 표현하면 야성적으로까지 느껴졌다. 다른 할머니는 키가 크고 몸매가 호리호리하며 피부가 하얘서 곱게 늙었다는 인상을 주었다. 입고 있는 옷 또한 아주 깔끔하고 귀품이 있어 보였다. 그러나 무엇보다도 할머니는 흰머리 투성이였다. 내 시선은 주로 키가 작은 할머니에게 붙들려 있었는데 그 할머니는 매우 거칠게 껌을 씹어댔다.

그때였다.

"나는 지금도 이빨이 아퍼서 껌을 못 먹는디 할머니는 치아가 참 좋소잉? 이빨이 튼튼한 것도 복이지라우."

돌연히 내 옆의 중년 여자가 침묵을 깨고 나섰다. 그 말을 들은 노인은 껌이 입술에까지 삐져나오도록 입놀림을 과장해서 자신의 건강한 이를 내보여주었다. 앞의 네 개는 은니였지만 나머지는 건강한 치아였다. 키가 작은 할머니에게 시선이 집중되자 키 큰 할머니가 옆의 노인을 힐끗 쳐다보았다. 거기까지는 아무런 일도 일어나지 않았다. 문제는 키 작은 노인의 치아를 부러워하던, 늙지도 젊지도 않은 중년의 여자로부터 시작되었다. 그녀는 두 노인을 비교하여 자신의 편견대로 말을 해버린 것이다. 그녀는 키 큰 노인에게 먼저 나이를 물었다.

"할머니는 몇 살이시오?"

"나 말이요? 일흔 아홉이요."

"나보다 한참 아래고만."

키 작은할머니가 반색을 하며 끼어들었다.

"집이는 몇 살이간디 그러시요?"

키 큰할머니가 뾰루퉁해져서 좀 앙칼지게 물었다.

"나는 야든 하나요."

아주 당차게 대답을 한 키 작은 할머니는 의기양양해져서 입놀림을 더 격렬하게 해댔다. 입가에 마른침이 하얗게 묻어 났다. 내가 보기에 두 살 차이면 80년의 세월을 산 노인들에게는 아무런 변별력을 가질 수 없을 것 같은데 그렇지 않은 모양이다. 이렇기 때문에 오뉴월 하룻빛이면 …… 하는 속담이 건재하는지도 모른다.

"그런디 할머니가 훨씬 젊어보이요잉. 주름살도 적고 흰머리가 별로 없구만이라우."

중년 여자의 말이 떨어지기가 무섭게 키 큰 할머니가 고개를 외로 돌리더니 키 작은 할머니의 전신을 훑어보았다. 그리고는 키 작은 할머니의 푸짐한 뱃살에 손을 얹더니 일격을 가했다. 아마 호리호리한 자신에 비하면 상대의 아킬레스건이라고 생각한 모양이다.

"뭔 살이 이렇게 많다요. 키도 땅딸하고만."

"집이도 만만치 않고만 뭘 그러요? 오메, 이 손 좀 봐. 손등이 동글동글 하고만."

"이건 요새 붓었다가 살이 된 것이요."

"누구나 붓은 것이 살이 되지 처음부터 살이 찐다요?"

키 작은 할머니에 의해 매몰차게 손이 뿌리쳐진 키 큰 할머니는 무참해진 듯 자신의 손을 어루만지기만 할 뿐 말이 없었다. 대화는 여기서 끊겼다. 잠시 침묵이 흐르는 동안 나는 가슴이 조마조마하였다. 순해 보이는 할머니가 입을 다문 것으로 보아 이쯤해서 그만 둘 것 같긴 했지만 왠지 걱정이 되었다. 나는 내 옆의 중년 여자를 돌아보았다. 하고 있는 행색으로 보아 녹녹한 삶을 산 것 같지는 않았다. 왜 이 여자는 생각 없이 말을 막 하는 것일까. 아니면 고와 보이는 키 큰 할머니에게 심술을 부리는 이유라도 있는 것일까. 내가 보기에는 인상이 온화해 보이고 깔끔한 것으로 보아 키 큰 할머니가 훨씬 더 호감이 가는데. 말없이 고개를 숙이고 만지작거리고 있는 키 큰 할머니의 손은 참으로 고왔다. 검버섯이 조금 핀 것만 제외하면 노인의 손치고는 아주 예뻤다. 손톱도 내 것처럼 투박하게 자른 것이 아니고 멋부리는 젊은이들처럼 모양을 내어 예쁘게 잘랐고 또 손톱의 빛깔도 건강한 분홍색이었다. 어떻게 봐도 키 작은 할머니보다는 품위가 있어 보였고, 또 순조로운 인생을 산 사람들이 그렇듯이 맑고 투명한 인상이었다. 그럼에도 두 살 더 먹은 옆의 노인보다 더 늙어보인다는 말 한 마디에 할머니는 무척 자존심이 상해 있었다.

그러니 분위기가 이상해질 수밖에 없었다. 키 작은 노인은 두 살 더 많음에도 더 젊어 보인다는 중년 여자의 말에 의기양양해져서 지나다니는 노인들을 흘끔거리며 심장이 안 좋아서 10년째 이 병원을 다닌다며 목소리의 톤을 높였다. 키 큰 할머니는 여전히 자신의 손을 내려다보며 말이 없었다. 나는 이쯤해서 결단을 내리려고 하였다. 뭔가 내 의사를 표현해서 키 큰 할머니의 기분을 풀어 드려야 한다고 생각했기 때문이다. 그러나 나는 망설이지 않을 수 없었다. 중년 여자의 말 한 마디에 한 노인은 천군만마를 얻은 양 사기충천해 있고 한 노인은 의기소침해서 화를 끓이고 있지 않은가. 내가 노인을 위로한답시고 말 한 마디 잘못 했다가는 싸움이 일어날지 누가 알겠는가. 그때 아들이 호명되었고 나는 자리에서 엉거주춤 일어섰다.

진찰을 마치고 자리로 돌아오자 키 작은 할머니는 진료

실로 들어가고 안 계셨다. 나는 그 할머니가 앉아있던 그 자리에 앉았다. 키 큰 할머니의 마음을 풀어드릴 방법이 없을까 생각하고 있는데 할머니가 먼저 말을 건네왔다.

"새댁이 보기에도 내가 그리 늙어 보이요?"

"아니에요, 할머니. 보는 사람에 따라 다 다른 거에요. 저는 할머니가 더 젊어 보이는 걸요? 아주 고아보이세요."

"아녀. 내가 더 늙어보이는 것이 진짜일 거여. 이빨이 없어 나는 고기도 못 먹는 걸. 나도 아플 때 거울을 보면 내 얼굴이 보기 싫거든. 올 봄에 아프고 났더니 더 늙어 버렸어."

"할머니 손은 제 손보다 더 예쁘신데요. 할머닌 아주 멋쟁이세요."

나는 슬그머니 할머니의 손을 쥐고는 내 손바닥으로 비벼보았다. 예쁜 손이었지만 감촉까지 좋은 건 아니었다. 그래도 할머니는 한결 기분이 좋아진 모양이었다. 그때 진찰실에 들어갔던 할머니가 지팡이를 짚고 절룩거리며 걸어나왔다. 그 모습을 보는 키 큰 할머니의 얼굴에 안스러운 표정이 스쳐갔다.

"지팡이가 없으면 혼자 걷지도 못하겠구만. 쯧쯧."

"그러게요. 아주 건강해 보이셨는데도 그러네요."

"젊어뵈면 뭘해. 사지육신이 멀쩡해야지. 안 됐구먼, 안 됐어."

할머니가 다가오자 나는 자리에서 일어섰다. 이제는 두 할머니가 나란히 앉아도 걱정할 일은 생기지 않을 거라는 확신이 생겼다. 서로의 경계가 허물어졌을 때, 특히 상대의 아픔을 감지했을 때 인간은 끝간데 없이 여유로워지지 않던가. 내 생각은 정확했다. 약을 받아들고 나오는 내게 두 할머니는 자매처럼 나란히 앉아 손을 흔들어 주셨다. 하얗고 예쁜 손과, 검버섯 핀 투박한 두 손을 떠올리며 나는 삶의 순간은 자주 불안정해서 딱히 뭐라고 규정지을 수는 없지만, 그래도 참 아름답다는 생각을 하였다.

4부

동서에게

자네, 어찜 그럴 수 있나. 자네에게 주어진 몫이 그뿐이었다 해도 그렇게 야속하게 가버리다니 참 무정한 사람일세 자네는. 소식을 듣고 자네를 찾아가는 차안에서 문득 화가 났다네. 자네가 이 세상을, 체념하고 현실을 받아들이기까지 얼마나 많은 고통과 갈등을 가져야 했는가. 그런 자네가 마지막 길을 떠나고 있는데 세상은 아무것도 변한 게 없다는 표정으로 시치미를 뚝 떼고 있단 말일세. 들판은 여전히 푸르고 강물은 유유히 흐르며 사람들은 뭔가 중요한 일을 하러 가는 것처럼 바삐 움직이더란 말일세. 나를 실은 직행버스는 신나는 뽕짝을 들으며 경쾌하게 달리더군. 아무도, 그 무엇도 자네나 나의 기분을 살펴주는 것은 없더란 말일세. 자네, 섭섭하지 않나? 인간은 그런 거라네. 나 역시도 그렇다네.

향을 꽂고 앉아 자네의 영정을 보니 너무 막막해서 눈물조차 나오지 않았다네. 자네의 죽음이 실감되지 않았다는 표현이 더 적절한가 보네. 그런 나를 보며 사진 속의 자네는 웃고 있었네. 그 웃음이 살아있는 자들에게 주는 어떤 메시지 같아서 가슴이 꽉 막혀오던 걸. 분명 통곡을 해도 시원치 않을 답답한 가슴이었지만 나는 긴 한숨으로 많은 걸 대신하고 밖으로 나올 수밖에 없었네. 생사의 길이 이리도 지척에 있더란 말인가. 살아 있는 사람들이라고 해서 영원한 생명을 부여받은 것은 아니지만 주검을 이리 가까이서 지켜보자니 생사의 덧없음이 절감되네. 자네, 저 어린 딸들은 어찌하려나? 엄마가 하늘나라에 갔다며 까르륵거리는 저 철부지들을. 유치원에 가면 우리 엄마 죽었다며 아무렇지도 않게 말할 저 아이들을 말이네. 아니지. 그건 살아 있는 자들의 몫이겠네. 산 사람의 업장이 더 무거운 법 아니겠는가? 마지막 가는 길 그저 편안히 잘 가게. 저 세상에 가서는 앓지 말고 고통 없이 지내길 바랄 뿐일세.

자네, 너무 예뻐서 내 가슴이 미어졌네. 임종을 지켜보지 못해 마지막으로 한 번 더 보고 싶어 입관하는 모습을 지켜보았네. 형광등 아래서 보는 백색미인 같은 자네에게 꽃빛 치마와 저고리를 입히고 연지곤지까지 찍고 보니 어느 신부가 저리 고울까 싶어서 스스로 섬뜩했네. 얼마나 예뻤으면 염습사들이 '참말 그림 같다' 고 했을까. 자네는 그렇게 예쁠 나이란 말일세. 스물 여덟, 죽음하고는 거리가 먼 청춘이었단 말일세. 또다시 가슴에서 싸르륵거리는 느낌이 오네. 그런 자네를 보면서 나는 자네가 처음 입원했을 때를 떠올릴 수밖에 없었다네.

우린 모두 자네의 생명이 시한부라는 것을 알고 있는데 자네는 아무것도 모른 체 예쁘게 화장을 하고 있었네. 그런 자네를 보고 누가 회생불능의 환자라고 했겠는가. 자네는 그렇게 예뻐 보이고 싶어 했는데 나는 자네의 그 아름다움을 보면서 되려 슬퍼했다네. 아무도 모르게 나와서 눈물을 훔칠 수밖에 없었어. 자네의 손이 묶여지고 발이 묶여지고, 자네 육신이 친친 동여매질 때 자네의 영혼은 훨훨 날아다녔겠지. 자네, 이 세상을 떠나는 게 그리도 좋더나. 자네의 미소, 얼굴 가득 담은 희미한 웃음이 살아 있는 사람들에게 어떤 느낌을 주는지 알고 있는가? 하긴 그 통증의 지옥에서 헤어날 수 있었으니 얼마나 홀가분했겠나. 염이 끝나고 자네의 육신이 관속으로 들어가고 못 박는 소리가 지하실을 쾅쾅 울릴 때, 우리들의 가슴에도 대못이 하나씩 박혔다네. 우리가 살아 있는 동안은 어떻게 자네를 잊겠나. 우리와 운명을 달리한 사람을 회억하는 것처럼 아픈 일도 없을 것이네. 우리 눈앞에 네모진 관 하나만 달랑 남았을 때 나는 걷잡을 수 없는 격랑을 만나 통곡하지 않을 수 없었네. 한 사람이 스물 여덟해를 살다가 소꿉놀이하듯 그 작은 나무토막 안으로 들어가니 감쪽같이 사라져 버리더군. 인생의 덧없음, 부질없음을 자네는 그리 일찍 체득해 버렸네그려. 부디 잘 가게, 다시 생명을 얻어 태어날 때에는 아픔 없이 천수를 다하길 빌겠네.

자네가 그 작아진 육신을 불기둥 속에 넣어 이승을 떠나는 마지막 단계를 거치고 있을 때 우리는 자네만을 생각할 수 없었다네. 먼 곳에 사는 어떤 이는 몇 시 차를 탈 수 있을까 계산하고 어떤 이는 돌아가서 할 일을 계획하고 있었다네. 그게 산 사람들이 할 일인데 어쩌겠나. 흔히 말하는 산 사람은 살아야지 하는 말 아니겠나. 자네가 들으면 섭섭해 하겠지만 산 사람들의 비정함일지도 모르겠네. 아니, 그렇게 하지 않고 우리 모두 자네만을 생각하며 슬퍼하고 통곡한다면 자네의 발걸음이 무거워 어디 이승을 떠날 수 있겠는가. 우리는 점심을 먹으며 농담도 주고받았다네. 한 사람의 죽음은 결코 '죽음'이라는 단어가 주는 그 이상의 무거움을 넘어서지 못 하더라고. 자네가 인내한 결과물로 골분骨粉이 조금 나오더군. 그걸 들고 우리는 다시는 가고 싶지 않은 그 화장터를 나와 진짜 마지막 작별을 고하는 곳으로 달려갔지.

그곳이 동진강 하류였지 아마. 오전까지만 해도 비가 내리던 날씨가 우리가 그곳에 도착했을 때에는 햇살이 눈부시게 피어나던 걸. 자네, 서방님의 손에서 떨어져나가 강물로 뛰어들 때 어땠나. 홀가분하지 않던가. 그 질긴 인연의 끈을 놓아버린 그 기분 말이야. 사람 참, 매정하긴, 그렇게도 편안하던가. 그래. 어쩜 인간의 세상처럼 번뇌가 많은 곳이 어디 또 있을라고. 그래, 어린 딸들까지 잊기는 아주 어려울 테지만 그 미련까지 놓아버리고 편안히 잠들게나. 그 아이들은 남아있는 사람들의 몫이지 않겠나. 그래서 살아 있다는 것 자체가 고해라 하지 않았던가. 자네를 보내는 이 순간 우리는 모두 아옹다옹하며 사는 것이 얼마나 부질없는 것인지를 알았다네. 그러나 인간은 망각의 늪에 살고 있어서 그 귀한 깨달음도 곧 잊어버리게 될 걸세.

자네, 흐르는 물속으로 떨어지면서도 그렇게 빛을 발하더구먼. 자네는 끝까지 찬란한 모습으로 가는구먼. 스물여덟의 나이는 어떻게 말해도 찬란하지 않은가. 눈물이 햇살에 반짝거려 나는 눈을 뜰 수가 없었다네. 자네의 육신이 가루가 되어 이제 영영 우리의 곁을 떠난다고 생각하니 냉정하게 잘 버티던 나도 감정이 격해지고 말았어. 그렇게 허무하게 사라지는 것을. 갑자기 산다는 게 너무 막연해져서 가슴이 어디론가 날아가 버린 느낌이었어. 인생은 잠시 머물다 떠나는 한 줄기 바람이라더니 자네는 정말 강물에 실려 우리 곁을 떠나고 마네그려. 그렇게 가다가 그 길에서도 힘들면 물풀 자락에 기대어 쉬고 그것도 힘들면 물고기의 몸을 빌어 쉬어 가게나. 자네는 이제 우리의 곁을 떠나지만 영원의 세계로 자유로이 가는 것 아닌가. 물고기의 먹이가 되면 물고기의 몸을 빌어 다시 태어나는 것이고 그대로 흐르고 흘러 더 큰 세상의 바다로 나가면 무엇을 만나게 될지 우리가 어떻게 짐작이나 하겠는가. 한 점 티끌로 남아 이 세상에 존재 하다가 어느 생에 다시 좋은 인연을 만나 또 다시 사람으로 환생한다면 그 때에는 건강한 몸을 받아 천수를 누리게나. 그때에는 자네의 그 예쁜 딸들과 함께 행복하게 잘 살게나. 자네, 잘 가게. 부디 극락왕생 하게나.

다리 위의 사랑

일상적 일이란 게 끝이 없고, 반복되다보면 그 지루함에 매몰되고 싶지 않아 새로운 기분이나 생각을 찾고 싶어진다. 그럴 때면 무작정 나서서 공원을 향해 걷곤 한다.

오늘은 혼자 걸었다. 느릿느릿하게. 풀벌레 소리와 흐르는 물소리에 자신을 맡긴 채. 그러다보니 길에 묻혀 밤길엔 잘 느끼지도 못할 만큼 작은 두 개의 다리를 지나고 세 번째 다리쪽을 향해가고 있었다. 길 양 옆으로는 하얀 메밀꽃이 흐드러지게 피어 잠시 허생원과 성처녀의 물레방앗간을 생각했다. 봉평 장으로 가기 위해 산등성이를 넘는 나귀와 조선달, 동이와 허생원의 흐릿한 행렬이 떠오른다. 흐흐, 나도 모르게 웃음이 나온다. 저만치 다리 위에 얽혀있는 두 사람의 형상이 보여서다. 내가 다가가자 두 젊은이는 마지 못해 포옹을 풀고 주변 벤치에 가 앉았다. 자리를 옮기면서도 그들은 서로의 몸에서 손과 시선을 떼지 못했다. 하필 그들은 왜 사람들이 오가는 다리 위에서 포옹하고 싶었을까? 가로등이 정면으로 비추는 다리 위에서 몇 발자국만 옮기면 사방이 보이지 않는 어두운 공간인데. 어쨌거나 나는 그들이 사랑스러웠다. 따뜻하게 포옹하고 사랑할 수 있는 시간이 우리에게 얼마나 많이 주어지던가. 그럴 수 있을 때 한껏 사랑하고 아끼고 그리워해야 하리.

공원 막다른 지점까지 갔다가 돌아오는 길, 좀 전에 그랬던 것처럼 젊은이들은 다시 포옹을 한 채 다리 위에 서 있었다. 이번엔 등을 지고 서서 내가 다가가도 모른 척 한다. 그 때 떠오른 단어 하나, 오작교였다.

옥황상제에게는 직녀라는 딸이 있었는데 그녀는 하루종일 베 짜는 일을 하며 살았다. 직녀가 짠 옷감은 눈부시게 아름다웠다. 어느 날, 직녀는 베 짜는 일을 잠시 중단하고 무심코 은하수 건너편의 청년을 보고 첫눈에 반해 옥황상제의 허락을 받아 결혼을 했다. 두 사람은 너무 사랑해 잠시도 떨어져 있으려 하지 않았다. 두 사람 다 해야 할 일을 제대로 하지 않아 하늘나라 사람들은 옷이 부족해지고 견우의 소와 양은 병에 걸려 앓고, 농작물들도 말라죽어 하늘나라가 혼란스럽고 땅의 나라도 어지러웠다. 옥황상제는 화가 나 직녀는 서쪽에서 베를 짜고 견우는 은하수 동쪽에서 살도록 명령을 내렸다. 그들이 용서를 빌었지만 옥황상제의 노여움은 풀리지 않았다. 대신 1년에 딱 한번 칠월 칠일에 만날 수 있도록 허락해 주었을 뿐이다.

그런데 1년을 기다려 만나기 위해 나온 그들 앞에는 은하수가 가로막고 있어 만날 수가 없었다. 두 사람이 슬프게 우는 모습을 본 까마귀와 까치들이 너무 불쌍히 여겨 곧 서로의 몸을 이어 다리를 만들어 두 사람을 만날 수 있게 해주었다. 이름하여 오작교다. 칠석날 저녁 비가 오면 견우와 직녀가 상봉한 기쁨의 눈물이고, 이튿날 새벽에 비가 오면 이들이 흘린 이별의 눈물이라 전한다.

올 칠석에는 비가 많이 왔다. 아니, 해마다 칠석날 새벽엔 가는 비가 오는 날이 많았다. 너무나 사랑해서 떨어져 지낼 수 없었고 그래서 자신의 일마저 제대로 하지 못한 게 죄가 되어 벌을 받아야 했던 견우와 직녀. 그게 사랑인 것을. 사랑하는 이를 만날 수 없는 형벌처럼 가혹한 것이 또 있을까. 진실로 사랑하는 이와 헤어져야 하는 절망은 어떤 것으로도 대신할 수 없을 것인데. 내가 살고 있는 세상에서 그런 사랑이 존재할까. 사랑 하나로 1년을 기다리고, 하루 밤 만났다 헤어져도 닳지 않는 사랑이 있을까. 만났다 하면 백일을 챙기고, 1년을 기념하는 현대 문화의 이면에는 그만큼 짧은 사랑의 기간에 대한 애도의 의미가 담겨 있다. 오래 사랑하지 못할 것 같은 불안감이 내재해 있는. 은하수

앞에 선 두 사람의 만남을 위해 까마귀와 까치가 오작교를 만들어준 것처럼, 보는 이조차 애닯도록 간절한 사랑을 만나보고 싶다. 그들을 위해 내 기꺼이 오작교 되어 주리니.

다리 위의 젊은이들 곁을 지나쳐 오며 나도 모르게 마음에 파도가 일렁였다. 발걸음을 떼며 멀어지는 그들을 자꾸만 뒤돌아본다. 나는 어느 시간쯤에 와 있는가. 내게 사랑할 시간은 얼마나 있는 걸까. 어쩌면 스스로에게 묶여 나는 그런 자유를 반납하고 사는 건 아닌지. 혹여 그런 자유의 시간으로부터 너무 멀리 와 있는 건 아닌지, 슬몃 외로워진다. 타인의 사랑을 구원하려 말고 자신부터 구원하라, 귓불을 간질이는 작은 구원의 소리에 가슴이 먹먹해진다. 잊고 있던 자신의 내면이 파닥이며 되살아나는 느낌이다.

하마 그 젊은이들은 지금 이 시간 오작교의 의미를 자신들의 사랑의 기록에 새기고 있겠다.

동적골 연가

초겨울로 접어들면서 첫눈이 풍요롭게 내리고 간간이 비가 와서 집 앞 시냇물 흐르는 소리가 제법 들을 만해졌습니다. 베란다 문을 열면 도란도란 시끌시끌 재잘거리며 흐르는 물소리가 제법 정겹습니다. 그것만으로는 양이 차지 않았는지, 지난 일요일 오후엔 자꾸 무등산 계곡물 소리가 그리워지더군요. 그도 그럴 것이, 지난 한 주는 유난히 바쁘게 지낸 데다 토요일엔 서울까지 다녀왔으니 지친 제 몸은 자연이 주는 평온한 휴식을 원했을 것입니다. 아니, 어쩌면 제게 전할 메시지가 있는 무등산의 전언이었는지도 모르겠습니다.

몸이든 마음이든 뭔가 강렬한 요구가 있을 때는 그만한 이유가 있다는 것을 아는 저는 그 유혹을 물리치지 않고 초겨울 오후의 따사로운 햇볕을 받으며 세인봉 아래의 동적골로 향했습니다. 동적골 초입에 들어서자 전엔 보지 못했던 플래카드가 몇 개 걸려있었습니다. 내용은 대략 '동적골 취사지구 선정에 결사 반대'였지요. 제가 이곳에 오지 못하는 사이 무엇인가 수상한 변화가 일어나고 있었다는 것을 감지하였지요.

이제 더 이상 에두르지 않고 말해야겠습니다. 그날 저는 동적골 끝의 세인봉 아래에 서서 무등산 저 꼭대기에서부터 흘러내려온 물소리를 듣고 바람을 온몸으로 맞아들였습니다. 심호흡을 하며 그동안 누적된 피로를 씻어내고, 며칠 동안 쓸 수 있는 에너지를 얻었습니다. 일을 하고, 사람을 만나면서 모두 써버려 방전된 제 에너지가 충전된 것이었지요. 비로소 제 몸과 마음이 풍요로워졌습니다. 자연은 사람에게 생명을 주고, 그래서 문명의 스승일 수 있음을 재확인하는 순간이었습니다.

집으로 내려오면서 저는 아이들처럼 코를 벌름거리며 그 맑은 공기를 들이마시고, 귓가를 스쳐가는 바람소리를 들으면서 어쩌면 이런 행복도 오래 누리지 못할지도 모른다는 두려움에 사로잡혔습니다. 돌아오는 내내 어떻게 하면 무등산 자락의 이 동적골을 이대로 보존할 수 있을까 생각에 빠졌습니다. 방법을 모르는 저는 동구청에 전화를 해서 자신의 마음을 전해야 할까, 한 시민으로서 시장님께 편지를 쓸까, 누구에게 어떻게 하소연해야 '전국에서 가장 아름다운 10대 공원 길'로 선정되었던 이 아름다운 길과 풍광이 훼손되지 않을지로 머릿속이 꽉 차버렸습니다. 비우러 떠난 산책길에서 되려 사념으로 복잡해져버린 것이지요.

동적골은 비우고 채우는 제 삶의 소중한 공간입니다. 이곳을 찾는 모든 사람들에게도 똑같은 의미를 갖겠지요. 햇볕 따숩고 새 순 돋는 봄엔 생명이 주는 충만한 기쁨과 감동에 가슴이 벅차오르고, 더운 여름밤엔 선선한 바람 찾아 나섰다가 이곳에 온 사람들의 이야기로 작품을 잉태시키기도 하였지요. 동적골에 다니면서 하마 예닐곱 편의 에세이를 썼을 것입니다. 가을엔 누군가의 밭에서 농작물을 수확하는 기쁨을 함께 느끼고, 형형색색으로 변화해가는 아름다운 무등산을 맘껏 훔쳐보는 즐거움을 누리는 곳이었습니다. 찬바람에 나뭇잎들 훌훌 벗어던지고 벌거벗은 몸으로 서 있는 나무들을 보며, 버릴 줄 아는 지혜를 체득하기도 했습니다. 채우면 채운대로, 텅 비었으면 비운대로, 오늘처럼 물소리 바람소리에 자신을 맡기고 나서는 힐링의 공간이었습니다.

일상에서 지치고 지쳐 비루해진 마음을 가지고 이곳에 왔다가 돌아갈 때에는 한없이 평안하고 풍요로워지는 이런 공간 하나쯤 가지고 있을 권한이, 그런 축복이 우리에겐 허락되지 않는 건가요? 저는 여기서 자본사회의 생산성 운운

하는 남루한 이야기들(자본주의에게는 예의나 품격이란 게 존재하지 않으니까요), 즉 상업지역으로 만들었을 때 어떤 부가 가치가 있는지 등속의 문제는 거론하지 않겠습니다. 그 부분에 대해서는 제가 하지 않아도 자신의 이권과 관련된 몇몇의 사람들이 더 적극적으로 따질 테니까요. 그러나 확률로 보면 지역민을 위한 개발이라는 미명하에 얻어지는 경제적 이윤은 거개가 그 곳에 사는 사람들에게 공평하게 돌아가는 게 아니라 이권을 보고 모여든 사람들의 재산을 불리는 데 일조하고 만다는 것입니다.

동적골이 어떻게 변화할지 저는 모릅니다. 그 계획은 공개되지 않았으니까요(제 걱정이 한낱 기우로 그치면 얼마나 좋을까요). 그러나 동적골에 캠핑장이 들어서면 도로가 나고 상업지역이 점점 그 세를 불려갈 테지요. 그러면 지금의 동적골은 번쩍이는 전기불과 몰려드는 차량으로 점점 오염되어 가겠지요. 개발은 좀 늦어도 언제든 할 수 있습니다. 그러나 한 번 훼손된 자연은 다시 복원되지 않습니다. 그래서 더욱 신중하게 결정되어야 할 것입니다.

그 곳을 오가며 오순도순 사랑을 키우고, 아픈 마음을 치유하고 돌아가던 사람들은 어디로 가야 할까요? 소쩍새 우는 봄밤의 고즈넉함과 아름다움, 개구리 울음소리 우렁우렁한 논밭들은 전설 속으로 사라져야 할까요? 무등산 자락의 동적골이 광주 시민, 적어도 그 주변에 사는 사람들의 치유지로 보존되는 일이 그토록 요원한 일이기만 한 것일까요. 결정권을 가진 분들께 간절히 요청합니다. 자본으로 환원될 수 없는 것이 있음을 헤아려 주시길 엎드려 청합니다. 제 간절한 염원은 비단 개인의 것이 아닌, 이곳을 사랑하는 많은 시민들의 바람이기도 합니다. 힘없는 한 소시민이 동적골을 보존하고픈 간절함으로 온 정성을 모아 쓴 글입니다.

나를 위한 세레나데

먹구름이 산 위로 낮게 내려앉아 햇볕 없는 스산한 가을 날씨가 이어진다. 삶은 매 순간이 중요하고 그 순간마다 깨어 있어야 한다는 것을 화두처럼 품고 지내려 하지만 늘 흉내로 그치고 만다. 진짜 화두가 되었다면 어떤 상황에서도 놓치지 않았을 텐데, 예기치 못한 국지성 폭우를 만나면 혼비백산해 놓쳐버리니 나는 제대로 화두를 붙잡고 있지 못한 것이다. 어쩌면 내 마음 밑천이 미천한 탓일 게다. 그나마 지나간 시간에 대한 미련을 오래 두지 않고 쉽게 잊고 돌아서는 편인데도, 이번 일은 며칠 동안 마음 바닥을 긁작대고 있다. 그런 자신이 싫어 해결 방법을 찾으려 하지만 그럴수록 생각이 꼬리를 이어간다. 생에 정확한 해결 방법이라는 것이 따로 있는지 회의에 빠진다.

어떤 모임에서였다. 앞에 있는 사람과 이야기를 하는데 다른 사람이 끼어들어 의견 차이로 좀 언짢은 일을 겪었다. 어떤 이가 문학에 대한 내 생각을 자신이 이해할 때까지 설명하라는 데에는 아연실색했다. 이 사람은 내가 자신이 가르치는 학생인 줄 아는 걸까. 글쓰기에 대한 생각이 나와는 매우 다른 사람을 어디서부터 어떻게 이해시킨단 말인가. 어떤 분야의 대화는 비슷하게 알고 있어야 할 수 있는 것 아닌가. 문학은 단 몇 마디의 설명으로 규정지을 수 있는 단순한 세계가 아니지 않은가. 내 난감함이 틈으로 보였을까. 설명도 못하는 것이 무슨 문학이냐고 했다. 그 순간, 내 문학관은 그렇게 무례한 비웃음 속에서 초라하게 움츠러들었다. 그리고 완벽하게 입을 다물어야 했다. 소통은커녕 공감도 되지 않는다면 침묵해야 했다. 그러나 내공 약한 나는 그러지 못했다. 결국 상대는 '여자가 건방지게 엇따 대고 대들어'로 시작해서 금방이라도 물컵을 집어던질 듯이 내 앞으로 와서 겁을 주며 건장한 풍채를 가진 남자의 폭력성을 과시하기 시작했다.

그 말만 아니었어도 나는 그렇게 강하게 대응하지 않았을 텐데. 기분은 나빴으나 상대처럼 제 정신이 아닌 상태는 아니었으니. 남자의 화는 다른 의견 차이 때문이 아니라 남자에게 말대답하는 여자로 인한 것이었다. 이야기 하던 내용의 본질은 사라지고 제 감정만 남아 불 속의 나방처럼 퍼덕였다. 아는 것이 병이런가. 가부장제 사회에서는 여성은 약자라는 어줍잖은 앎이 치기를 발동시켰음인가. 아니 자기 보호본능이었을지도. 그 순간 나도 맞받아냈다. '그런 소리는 당신 집에서나 하시죠.' 약한 자라 생각하는 여자에게 군림하려는 강한 남자에게 방법은 그것뿐이었다.

개체적 존재로서 나는 약자도 강자도 아니다. 그냥 나라는 사람일 뿐이다. 나를 낳아준 어머니조차도 내게 여자니까 이래라 저래라 하신 적이 없다. 15년 전에 고3이었던 딸들의 통행금지를 해제시켰다. 아들과 딸을 차별하여 키우지 않았다. 어떤 일에도 여자여서 못하고 남자니까 해야 한다고 강요하지 않았다. 완벽하게 실행하진 못하더라도 남자와 여자가 다른 점을 알고 그걸 인정하려 노력은 했으나 이해되지 않는다고 매도하지는 않는다. 개개의 차이이지 남자와 여자의 문제라고 보지 않기 때문이다. 남자도 울고 싶을 땐 울고, 여자라고 눈물로 무기 삼지 않길 원했다. 여자든 남자든 당당한 사람은 자기 방패를 비굴한 방식으로 사용하지 않기 때문이다. 여자라는 생각, 남자라는 생각에 편협적으로 갇히지 않고 그 경계를 넘나들 수 있을 때 사람은 더 다양하고 생생한 삶을 살 수 있음을 안다.

하여 이제는 빠져있던 자괴감에서 벗어나려 한다. 사람은 자신의 주체성, 존엄성이 훼손될 때 마땅히 저항해야 한다. 존엄한 존재는 자기 관리를 소홀하게 하지 않는다. 그래서 자기 존엄을 지키는 주체는 함부로 아부하거나 비굴하지 않으니 뇌물 또한 주거나 받지 않는다. 그렇게 하지 않아도 잘 살 수 있으니까. 자기를 신뢰하지 못하는 사람이 타자에 기대 무엇인가를 성취하려 오고 가는 게 뇌물이니까.

사람들 앞에서 상대와 대거리 하며 느낀 자괴감도 거둬들이기로 한다. 오히려 창피해야 하는 이는, 여자를 약자로 취급하고 폭력으로 겁주려 했던 상대이고, 그 상황에서 자신들의 이해관계를 따지거나 불편해지지 않으려고 사건을 불구경 하듯 한 사람들이어야 한다. 어떤 사건 앞에서 무감하거나 오히려 추임새를 넣는, 폐허가 된 가슴을 지닌 이들이 부끄러워해야 한다. 아니, 그조차도 버려야겠다. 십 수 년을 함께 해온 사람들이라고, 기대를 가졌던 생각이 어리석었음을 알았으니 그나마 다행한 일이다. 내 행위가 떳떳한 이유는, 뼛속까지 가부장적 사고에 젖어있는 상대 앞에서 무참하게 짓밟히는 내 존엄성을 지키기 위한 일이었기 때문이다. 결국 인간은 홀로 자신을 지켜가고 나아가는 존재이지 않은가. 나를 신뢰하는 것 그 이상의 방법은 없음을 깨닫는다.

인간은 사회적 존재지만 사는 방식은 개체적으로 각기 다르다. 피해나 가해는 개별적으로 행해진다. 또한 몸과 정서의 개별성으로 인해 고통은 절대로 타인과 공유될 수 없다. 인간은 서로 도울 수 있지만 완전한 공감은 불가능하다. 그래서 타인의 아픔에 공감한다고 할 때에도, 자신이 알고 경험한 만큼만 공감할 수 있다. 인간이 고독한 이유이다. 혼자 태어나 혼자 죽는 것과 유사하다. 고통을 공감하는 최선의 방법은 똑같이 경험하는 것뿐이다. 이번의 내 경험을 같은 자리에 있었다 해서 지인들에게 똑같이 공감해 달라고 하는 것은 그래서 무리다.

나는 또 다른 인식의 기회를 깊이 경험하였다. 사람을 향한 모든 기대를 버렸을 때 진정 아름다운 관계가 온다는 말의 의미를 체득 하였다. 그러니 그들이 나를 위험한 순간에서 도와주지 않았다고 탓할 필요도 없다. 그날 내 얼굴이 10년은 늙어보였다고 전화 해 온 한 여자 회원이 그랬다. 마사지 한 번 해주지도 않고, 남들처럼 주름 끌어당겨주지도 않는 내 얼굴에게 평온을 빨리 찾아주기 위해서라도 허리 펴고 환하게 웃어야겠다.

구름 걷히니 가을 햇빛이 찬연하다. 속된 일상 속에서도 섬광처럼 빛을 발견하는 한 순간이 있고, 그 때문에 생이 아름답다고 하는지도 모른다. 나는, 그리고 사람은 얼마나 아름답고 가치 있고 존엄한 존재인가. 이러저러한 욕망과 이념으로 무장되어 본질적인 것을 놓치고 비루하게 허덕이는 것이 문제이지. 단풍 든 무등산처럼, 무심한 저 일상의 순간들은 얼마나 평화롭고 생생한가.

꽃이 피고 지는 것은

봄꽃들 속에서 현기증이 인다. 눈길이 가는 곳마다 꽃방석이어서 아무래도 과분한 호사를 누리는 것 같다. 봄꽃은 대체로 매화와 동백 설연화, 그리고 목련이나 개나리 진달래 등의 순서로 피어 여름꽃으로 이어졌다. 그런데 올해에는 약속이라도 한 듯 한꺼번에 꽃망울을 터뜨리니, 그들을 보고 있는 나는 겨우내 준비해온 꽃들의 인내에 화답할 겨를조차 없었다. 무엇이든 넘치면 고마운 줄 모르고, 그 가치가 상실 되듯 올 봄 꽃들을 향한 내 마음도 그랬다.

꽃이 봄을 몰고 왔으니 그 봄을 반갑게 맞으면 되는데 왜 자꾸 이런저런 생각이 끼어드는지 알 수 없다고 스스로에게 묻고 답한다. 꽃이 피는 이유, 봄이 오는 이유가 따로 있겠는가. 계절은 그저 오가고, 꽃은 때가 되면 피었다 지는 것을. 그들을 보는 내가, 사람이 제 멋대로 생각을 넣어 의미를 찾으려 할 뿐이다. 그렇다 해도 나는 꽃피는 시기조차 흐트러놓은 자연의 변화를 조장한 인간으로서 꽃들의 반란에 일순 겸허해지지 않을 수 없다.

며칠 전, 한 차례 꽃샘추위가 지나가던 날이었다. 지인들과 점심을 먹는 중에 자연스레 안부를 묻고 시절담도 오갔다. 시작은 가볍고 산뜻했으나, 하수상한 시절에 대한 개탄으로 유독 목청을 돋운 한 사람으로 인해 자리가 점점 썰렁해졌다. 누군가의 숟가락질은 무거울대로 무거워지고 누군가는 이 음식점 반찬이 옛 맛이 아니라고 수군거렸다. 침묵하는 이들은 아마 목소리 큰 어른의 심중을 헤아리고 있었을 것이다. 식사가 끝날 때쯤엔 어서 자리에서 일어나고 싶은 눈치였다. 그 중 한 후배가 수그러들지 않는 열변의 한가운데로 용기있게 뛰어들어 수업이 있다고 말했다. 우리는 모두 그에게 고마움과 안도의 눈빛을 보내며 일어섰다. 순간순간 맞닥뜨리는 조화로운 생이란 쉬우면서도 얼마나 어려운 일인가.

점심시간의 후유증이 남아있어선지, 꽃샘바람이 꽃을 흔들어 놓아서인지 조금 스산한 마음이었다. 사람들과 헤어져 벚꽃이 만개한 길 위의 차 안에서 신호대기를 하고 있을 때였다. 심술 난 바람이 훼방 놓듯 꽃들을 휘몰아갈 때마다 아기의 숨결처럼 보드라운 꽃잎은 낱장으로 분화되어 하르르 하르르 날다가 땅에 떨어졌다. 떨어진 꽃잎들은 바람 따라 흩어지기도 하고 보도블록 아래로 모여들기도 했다. 거친 바람의 위협을 피해 숨어든 연약한 생명들처럼 오종종 모여 있는 모습이 가엽고 애처로우면서도 사랑스러웠다.

잠시 잠잠하던 바람이 또 한 차례 불어오자 꽃잎들은 바람 따라 소沼를 이루다 공중으로 날아올랐다. 순식간에 하얀 나비떼들의 군무가 펼쳐졌다. 찬란한 봄 햇살과 바람과 꽃잎이 한 시공에서 만나 이뤄낸 선경의 황홀함에 나를 잊고 있었다. 뒷 차가 보내는 신호음이 없었다면 춘몽을 좀더 오래 꾸어도 좋았으리라.

벚꽃 길은 학교까지 이어졌다. 바람 세찬 도로와는 달리 양지바른 언덕배기의 나무에서 떨어지는 꽃잎은 나를 더욱 혼몽하게 했다. 그들은 가볍고 작지만 아름답고 여유롭고 평화롭게, 그리고 사뿐히 낙화하고 있었다. 저 작고 여린 꽃잎들의 무게는, 그들이 떨어지는 속도는 얼마나 될까? 초속 몇 센티미터? 나는 어떨까? 갑자기 머릿속의 전구들이 파지직거리며 불을 밝혔다. 예기치 않은 순간에 나는 내 생을 관통해 온 시간 위에 저 꽃잎이 떨어지는 시간을 얹어보고 있었다. 지천명의 긴 세월과 찰나 간에 사라지는 시간과의 조합이라니!

애초 나는 저 꽃잎보다 훨씬 작은 존재로 시작하였을 테다. 진원지를 알 수 없는 바람처럼, 나는 어디서 흘러와 이 세상에 뿌리를 내리고 살다가 이 시간을 맞고 있는가. 어머니의 자궁을 빌어 차가운 바닥에 핏덩이로 모습을 드러냈고, 제 스스로 엉금엉금 기다가 몸을 가누고 두 발로 서서 새로운 세계를 만나고…. 그렇게 셀 수 없이 많은 시간을 보내는 동안 나는 쉼 없이 움직여 일하며, 기쁨과 감동을 얻거나 슬픔과 절망을 내 몸피에 누적시켜 왔다. 그뿐이랴. 크고 작은 세계와 부닥치며 천상천하 유아독존이라 까불다가도 자신을 덮는 더 큰 그림자를 만나면 주눅 들기도 하면서 내 안의 에너지를 부풀려왔다. 그리고 이제 너무 많은 검불을 입어 제 몸조차 가누지 못하고 기우뚱거리는 자신을 본다.

나는 이 몸을 이끌고 시속 몇 킬로미터로 달려왔을까. 하마 과속으로 여기저기 들쑤시며 헤집고 다녀 곳곳마다 상처를 내지는 않았을까. 완연한 순백의 저 꽃잎에 비해 나는 너무 무겁고 순결하지 않아 못내 부끄러워진다. 휘몰아치는 폭풍처럼 거칠게 살진 않았어도, 행여 내가 걸친 남루한 옷가지는 내 안의 욕망이거나 그것을 은닉시키기 위한 것은 아니었을까. 거추장스런 그것들을 겹겹이 걸치고 다니느라 나는 그리 둔하게 살았는지도 모른다. 저 꽃잎처럼 가벼워질 수 있다면 …. 내 안에 담고 있는 것들, 심지어 생각이나 기억들도 조금씩 덜어내어 가뿐해지고 싶다. 덧입어 무거워진 몸만큼 내 생을 꿰어 온 시간 또한 버거웠을 테다.

낙화의 속도를 가늠하는 순간 나는 숨이 터억 막힐 것 같다. 언감생심 저 꽃잎의 가벼움을 흉내라도 내고 싶었던지. 작고 미약한 저들의 낙화는 얼마나 아름답고 산뜻한가. 지는 꽃잎 앞에서 오랜 시간 달음질쳐 온 자신을 돌아보니 무거움으로 버둥개질치는 한 사람의 역사가 스쳐지나간다. 말로 다 표현할 수 없는 처연한 슬픔이 인다.

저들처럼 어느 땐가 내 생이 종착역에 착지할 때, 산뜻하고 가볍고 아름답게 설 수 있을까. 나는 저 꽃잎이 내는 속도의 경쾌함을 흉내라도 낼 수 있을까. 과속으로 누적된 덤불의 두께를 이제 한 꺼풀씩 벗겨내고, 달려온 시간만큼 반비례의 속도로 산다면 그나마 어느 때쯤 낙화의 순간에 가볍고 경쾌한 착지의 행운을 누릴 수 있을까.

세한도歲寒圖

사람이 살다보면 대상의 크고 작음과는 상관없이 탐심이 생기는 물건이 있기 마련이다.

그림 전시회에 가면 마음에 드는 작품이 있고 도자기 전시장에 가면 꼭 지니고 싶은 도기가 있듯이 말이다. 그건 그 사람의 개인적 취향일 뿐 그 이상의 무엇은 아닐 것이다. 내가 갖고 싶은 것, 내 집 거실에 앉아있을 때 마주하는 자리에 걸어두고 눈 맞추고 싶은 것은 다름 아닌 세한도歲寒圖(국보 제180호)다.

겨울바람이 휩쓸고 간 자리에 곧 무너져버릴 듯한 허름한 집 한 채, 좌우로 잣나무와 소나무 네 그루가 서 있고 나머지는 온통 여백뿐인 세한도. 어떻게 보면 싱겁고 엉성하기 짝이 없어 보이는 이 작품 어디에, 현란하리만치 호화로운 미술품이 많은 이 시대에도 그것만을 고집하게 하는 그런 매력이 숨어 있는 것일까. 순전히 작품 속에 드러난 추사의 꼿꼿하고 엄숙한 정신 때문인지, 아니면 시국의 혼란스러움이 주는 반향으로 그 진가를 더욱 발하는지는 나도 단언할 수 없다.

세한도는 1844년 58세의 추사가 유배지 제주도에서 그린 문인화다. 자신을 잊지 않고 먼 곳에서 책을 보내 주는 제자 역관譯官 이상적의 정성에 감격, 그를 위해 그려 보낸 것이다. 세한도의 구도는 엉성해 보이지만 실은 완벽한 삼각형 구도라 한다. 그림 오른쪽 아래 구석과 집 옆 늙은 소나무 가지를 선으로 잇고, 그 곳에서 그림 왼쪽 아래 구석으로 선을 그리면 바로 삼각형이 된다. 그래서 불세출의 서예가다운 놀라운 구성력이라고 하지 않았던가. 보고 또 보아도 세한도가 좋은 이유가 바로 여기에 있다고 한다. 또 그림의 내용으로 들어가 보면 어떤가. 그림은 전체적으로 텅 빈 느낌이다. 이는 절해고도에 홀로 버려진 늙은 추사의 심정 그대로일 것이다. 그러나 역경을 이겨내는 추사의 의지가 그대로 들어 있어 한층 진가를 높여준다고도 볼 수 있다. 집 또한 허름하지만, 붓의 선은 침착 단정하여 초라함이나 연민 따위가 끼어들 틈이 없다.

이 그림엔 유배 당한 옛 스승을 존경하는 제자와 그 제자를 격려하는 스승의 따스한 마음이 어려 있다고 한다. 그림

오른쪽 소나무 두 그루 중 왼쪽의 곧고 젊은 나무가 없었더라면 추사의 집은 무너져 버렸을 것이라고 분석하기도 한다. 윤곽만 겨우 있는 추사의 집을 받쳐주는 튼튼한 나무, 그게 바로 추사의 제자라는 것이다.

집 왼쪽의 싱싱한 잣나무 두 그루도 마찬가지다. 수직상승하는 싱싱한 나무는 고독을 이겨내는 의지이자 제자를 통해 이 땅의 내일을 밝히려는 추사의 간절한 희망에 이입시켜 해석한다. 당대 최고의 걸작 세한도, 견고한 그림이지만 아래 한 구석엔 추사의 애틋함이 숨겨진 네 글자의 붉은 도장이 찍혀있어 보는 이의 가슴을 저미게 한다. 오랫동안 서로 잊지 말자는 장무상망長毋相忘이라는 글자다.

이 작품이 걸작으로 평가받는 이유는 더 많이 있을 것이다. 그러나 내가 세한도를 좋아하는 이유는 절묘한 구도나 기법보다는 그림에 용해되어 있는 추사의 정신 때문이다. 그 중에 스승과 제자와의 따스한 마음도 좋지만, 어려운 시절을 이겨내는 추사의 꿋꿋하고 엄숙한 정신은 절로 흠모하는 마음을 일게 한다. 견고한 그림 속에 감춰져 있는 흔들리지 않는 고매한 인품이나 의지는 그걸 바라보는 내 마음을 숙연하게 한다. 유배지에서 외롭게 살지언정 자신을 가다듬는 일을 게을리 하지 않으며, 한 발 나아가 제자를 통해 밝은 미래를 꿈꾸는 희망찬 의지가 오늘을 사는 우리들에게 묵언의 교훈이 되기 때문이다.

오늘의 우리는 어떻게 살고 있는가. 매찬 비바람에도 돌과 같아 흔들리지 않고 냉철하며 유혹에 빠지지 않는 사람들이 과연 얼마나 있는가. 고매한 인품을 가진 사람은 찾아보기 힘들고, 어렵고 힘든 일을 당할 때 찾아가 마음을 털어 놓을 대상이 없다. 사람들에게 선은 오로지 자신에게 이득이 될 때만 붙여지는 이름이 되어버렸다. 그렇다고 우리가 추사의 정신만을 가지고 현실을 살 수는 없고, 현실에서는 현실에 대응할 수 있는 무엇들이 필요하다. 다만 혼탁해진 세상에서 살고 있더라도 한 번쯤 세한도를 올려다보며 흔들리지 않는 기개와 마음 맑히는 시간을 갖게 된다면 그 또한 얼마나 큰 복이랴 싶을 뿐이다.

안개비 내리는 추억 속으로

우리들의 유년 시절, 긴 겨울밤엔 등잔불을 중심으로 가족들이 모여 이야기꽃을 피우곤 했었다. 어머니는 화롯불에 인두를 달궈 저고리 배래선 닮은 버선을 만들기도 하셨고, 할머니는 화롯불에 밤을 굽기도 하셨다. 우린 모두 각자의 일에 열심이었기 때문에 등잔불 밑에서 자리를 옮기려면 여간 조심하지 않으면 안 되었다. 사람에게서 이는 바람으로 불꽃이 떨면 공간은 그만큼씩 수시로 흔들렸기 때문이다.

대숲에 내려앉는 싸락눈 소리, 그리고 그곳을 스쳐가는 바람 소리가 등잔불 빛에 녹아들어가는 밤에 나는 그 소리들을 들으며 작은 꿈을 키우고, 내 일생동안 함께 할 정서를 만들어갔을 것이다. 누구에게나 유년의 기억은 평생 동안 그의 삶을 지탱해가게 하고 현실을 끌어갈 힘을 주기도 한다.

등잔불은 소박하기도 하고 더없이 은밀하기도 하며 때론 슬기롭기까지 했다. 그 불꽃을 바라보며 자라던 그때의 무수한 추억은 나를 곧잘 환상에 빠뜨렸다. 어쩌다 가끔 방안의 불을 모두 끄고 홀로 거실에 앉아 있을 때가 있다. 더러 속이 상해 감정을 다스릴 때나 생각을 정리할 때의 일이다. 칠흑같이 어두운 곳에서 생기는 짙은 적막감이 나를 묶을 땐 등잔불 하나 켜도 좋겠다는 생각도 있었지만 나는 무엇보다도 어둡고 고요한 그 시간을 즐겼다.

사람들은 전깃불 아래서는 꿈꾸지 않지만 등잔불 밑에선 꿈을 꾼다. 그래서 때론 밝은 전깃불에서 사물을 보는 것보다는 등잔불 빛을 통해 보았을 때 흥미도 있고 그것들 나름대로의 아름다움과 존재가치를 더해주기도 한다. 그래서 그것들이 존재하고 또 존재할 만한 값어치가 있다는 것을 깨닫게 되는 것이다. 밤이면 미세한 바람의 움직임에도 온몸이 흔들리는 그 작은 불꽃이 이 세상의 긍지나 순정을 지켜가지 않았던가.

연약한 등잔불 빛은 외부 요건에 의해 쉽게 흔들리지만 언제나 수직의 자리, 제 위치로 환원한다. 인간의 삶에서 늘 음과 양이 서로 조화를 이루듯 등잔불 빛의 내부에도 어둠과 빛이 공존할 때 생기는 소용돌이가 인다. 그러나 그 소용돌이는 어둠과 빛이 각자의 대립을 초월해서 서로 수용하기 때문에 오히려 아름답다. 그 어둠과 빛의 승화가 우리를 등잔불 빛으로 모여들게 하는 응집력을 갖는다. 등잔불은 자신을 비추지 못한다. 그래서 위를 향해서만 타오르는 수직의 그 불꽃은 자유롭게 날고 싶은 인간의 모습과 닮았다. 등잔불이나 인간이나 현실과 비현실 사이에 놓여진 다리는 건널 수 없는 은하수다.

부딪힌 삶의 모서리에서 어둠이 나를 에워쌀 때는 등잔불과 마주하고 싶어진다. 그 가녀린 불꽃이 연약해지는 순간에도 어떤 위안을 느끼게 하는 따사로움 때문인지, 어릴 적 대하던 등잔불의 기억이 여전히 따뜻한 정감으로 남아 있다. 가끔 긴장된 삶에서 벗어나고 싶은 밤엔 휘황한 전깃불이 아닌 추억 속의 등잔불을 켠다.

가슴 저미는 그리움이 쌓이듯 문밖엔 함박눈 내리고 희미한 불빛으로 모여 앉은 가족들을 응집시켰던 등잔불, 이제 등잔불을 사용하는 집은 그 어디에도 없지만 나는 지나간 시절의 그 기억을 오래오래 간직하며, 지난 날 향기로웠던 그 등잔에다 성냥을 켜대고 안개비 내리는 추억 속으로 걸어 들어가 보고 싶다.

그처럼 납시옵소서

인도에서는 승려들이 브라만인 최고의 지위에 있고, 그들은 일반인에게서 보시를 받아 매 끼의 식사를 하는 전통이 있다. 대신 승려들은 일반인들의 영적 지도자가 되고 의지처가 되기도 한다. 사람들이 승려에게 보시를 하는 것은 복을 짓기 위함이고, 그로 인해 업장을 소멸하여 더 나은 생으로 나아가게 하는 방편이 되기도 한다. 내면적 세계를 중요하게 여기는 사람들의 믿음이기도 하다. 그럼에도 불가촉천민[1]은 카스트 제도권의 사람을 만날 수 없으니 승려

---

1)인도에는 카스트 제도가 있다. 피라미드 구조에서 맨 위에 존재하는 브라만과 그 아래의 크샤트리아, 그 다음이 바이샤, 맨 아래의 수드라가 있다. 여기에도 속하지 못하는 파리아 등의 하층민들을 불가촉천민이라 한다. 이들은 무두장이를 하거나 시체를 다루는 일, 구식 화장실의 변 정리 등 더러운 일을 담당해왔다. 이러한 신분제는 역사적 과거로 끝난 것이 아니라 오늘날에도 엄청난 차별 대우가 있고, 사회적인 것

들에게 하는 보시를 아예 꿈 꿀 수도 없다.

그런 문화적 환경에서, 불살생과 자비를 가장 중요하게 여기는 부처님의 제자로서 사람의 삶을 제대로 살지 못하는 불가촉천민에게까지 자비를 실천하고자 한 라마가 나섰다. 개개의 생명은 물론이고, 인간의 평등사상과 인권을 존중하는 그가 그 사회의 영적 지도자인 일곱 명의 라마들에게 제안을 했다. 라마들이 자비를 베풀어 불가촉천민의 보시를 받음으로써 천민들에게도 평등한 삶의 기회를 주어 그들을 구원하고자 한 것이다. 그의 제의를 받은 다른 라마들은 거절하지 못하고 마지못해 대답했다.

약속한 날 아침, 8시에 불가촉천민이 사는 길거리에서 라마는 혼자서 탁발시간을 기다렸다. 한 시간이 지난 후 한 라마에게 전화를 했다. 전화를 받은 비서가 출타중이라고 했다. 어쩌면 오는 중일 거라고 희망을 가지고 기다렸다. 두 시간이 지난 후, 어떤 라마는 갑자기 몸이 아프다고 했고, 세 시간 후 어떤 라마는 전화조차 받지 않았다. 그렇게 일곱 명의 라마는 모습을 나타내지 않았다. 라마들에게 줄

을 포함해서 모든 면에서 격리 수용되어 생활하기도 한다. 그들은 악의 구현으로 악마, 심지어는 사회악으로서 다른 계층들로부터 경멸을 당했다. 다른 카스트와 신체적 접촉이 발생할 경우 큰 죄로 다스리게 되고, 심지어 파리마를 죽일 수도 있다. 현재에는 하층계급 출신자들이 경제적으로 성공신화를 만들어내면서 신분제가 흔들리고 있기는 하지만 이 구조에서 완전히 자유롭다고 할 수 없다.

음식을 들고 세 시간 동안 꼼짝 않고 기다리던 천민들이 헛된 희망이었음의 냉소를 머금고 돌아가기 시작했다. 그들의 눈빛을 읽은 라마는 부끄럽고 안타까웠다. 다른 라마들의 처신에 너무도 허망하여 자신도 모르게 눈물이 쏟아졌다. 그 눈물 속에는 말로 표현하지 못한 다양한 의미가 응축되어 있을 것이다. 그때 라마의 모습을 저만치서 지켜보던, 남루한 옷을 걸친 한 소년이 라마에게 다가와 말했다.

"울지 마세요. 그래도 당신은 여기 나와 있잖아요."

세월호 참사, 메르스 전염병 사태 … . 크고 작은 사건으로 국가가 위기에 처할 때마다 골든타임이 다 지난 다음 나타나 생뚱맞은 질문이나 해대고, 허방만 짚어대는 지도자를 볼 때마다 나는 이 라마를 떠올리곤 한다. 우리에게도 그런 라마가 오시기를, 그런 지도자가 나타나길 간절히 염원하며. 그 때가 온다면 내 눈물이 먼저 흐를 것이고, 나는 소년처럼 말해보리라. 울지 마세요. 당신은 지금 여기 있잖아요. 당신의 눈물은 우리의 빛입니다.

5부

표면적 줄이기
파리 쫓기
거기, 한라산이 있다
봄 햇살 때문이야
이 가을에
9월의 소리
소리꾼 2
나뭇잎 흔들리듯이

표면적 줄이기

옷을 입을 때마다 비애스럽다. 최근 들어 허리 사이즈가 많이 늘었기 때문이다. 불과 두 해 전까지만 해도 내가 살이 찌고 있다는 것을 느꼈을 때, 평생 말라깽이로 살아왔음으로 그것은 차라리 기쁨이었다. 그러나 그 기쁨은 잠시, 나잇살이라는 것은 결코 만만치 않았다. 처음엔 맞지 않는 옷들을 고치려 수선집에 들락거리며, 또 가족들에게 나도 살이 찌고 있다고 법석을 떨었다. 살찌는 일이 무슨 자랑이라도 되는 듯이. 그러나 이제는 옷들이 모두 고쳐 입을 수 있는 정도가 아니기 때문에 신경 쓰이는 일이 많아졌다. 체형이 달라짐에 따라 미시족에도 미세스족에도 속하지 못해 들락거리던 단골 매장부터 바꿔야 했다. 밖에서 돌아다니는 일이 번거롭고, 어디 가서 싹싹하게 말 붙이는 일조차

흔쾌하게 하지 못하는 성격이다 보니 스트레스가 되었다. 그래서 부피가 늘어나는 것은 새 옷을 사는 경제적 부담은 차치하고라도 이래저래 맞춰서 살아야 하는 인간 세상에서 그리 달가운 일은 못 되었다. 그러니 내가 느끼는 비애스러움은 가중될 수밖에 없었다.

예전엔 허리 사이즈가 매우 넉넉한 여자들을 보면 제 몸 하나 제대로 건사하지 못한다는 생각을 하였다. 자신에게 얼마나 무심했으면 저토록 대책 없이 살을 찌웠을까 싶기도 했다. 그때만 해도 나는 주변 사람들로부터 살이 좀 쪄야 한다는 소리를 자주 듣고 있었다. 남편은 처가에 갈 때마다 혹여 자신이 잘못하여 내가 마른다고 생각할까봐 신경이 쓰이는 눈치였다. 실제로 나는 음식을 잘 먹는 편이었지만 신경이 예민해서인지 살이 찌지 않았다. 1년이면 몇 달 동안 보약을 먹으면서도 나는 늘 비실거렸다. 그러기를 몇 년, 듣기 좋게 중년이라고 불리는 나이가 되자 예전과 달라지기 시작했다. 이름하여 나잇살이라는 것이 내게도 적용되었다. 아주 조금씩, 느낄 수 없을 정도로 조금씩 몸무게가 늘기 시작하더니 이제는 예전의 옷을 입을 수 없게 되고 만 것이다.

어느 날, 마트로 장을 보러 가게 되었다. 일주일에 한 번씩은 장을 봐야만 아이들 도시락을 준비할 수 있기 때문에 규칙적으로 가지 않으면 안 되었다. 그러니 새삼스러울 것도 없이 이것저것 사들고 집으로 돌아왔는데, 그날 따라 들고 온 보퉁이가 너무 많았다. 평소처럼 부엌에 부려놓은 부식들을 냉장고에 정리하였다. 칸칸마다 제 자리에 들어갈 내용물을 채우고 문을 닫으려다 문득 묘한 기분을 느꼈다. 예전 같았으면 그것들을 냉장고에 정리하고 나면 뿌듯해야 했다. 그것들이 모두 내가 사랑하는 가족의 양식이 된다는 포만감에서 흐뭇했을 것이었다. 그러나 그 날은 아니었다. 아무리 배가 고픈 상태에서 쇼핑을 했다 해도 내 스스로도 한심하다는 생각이 들었다. 바게트, 슈크림빵, 갖가지 색깔별로 예쁘게 담아진 떡, 콩물국수를 할 수 있는 재료, 생선찌개감, 온갖 야채와 과일 …… . 나는 내 식탐에 소스라치고 말았다.

어느새 나는 이런 사람이 되어 버렸을까. 형언할 수 없는 서글픔이 일었다. 이삼일 안에 먹지 않으면 맛이 떨어지거나 부패할 식품들을 그렇게 많이 사와서 어쩌자는 것일까. 다 먹을 수 없다는 것을 알면서도, 아니 물건을 집어드는 순간에는 이것저것 생각하지도 않고 욕심을 부린 까닭은 무엇일까. 내게 욕구불만이나 비정상적인 심리적 요인이 있는 건 아닐까, 이렇게 나도 망가지고 마는 것일까. 막연한 두려움이 몰려들었다. 머리끝이 쭈뼛쭈뼛 일어섰다. 언제부터 내가 그렇게 음식을 탐닉해 왔던 것일까. 그러면 그렇지. 내게도 몸피가 부는 이유가 있었음을 모르고 나는 애꽃은 나잇살이라고 내 자신을 변명하고 있었던 것이다.

끼는 옷을 입다가 잡히던 허리 살이 문득 부끄러워진다. 그게 어디 살아온 세월을 표징하는 것뿐이겠는가. 식탐의 결과일 테고 나라는 인간이 세상에 대해 부리는 욕심이 많아졌음을 단적으로 보여주는 것이 아니고 무엇이랴. 그것은 내가 굳이 원하지 않았는데도 어느 새 나태해진 내 의식 속을 비집고 들어와 나를 조종하고 있었다. 물질이 풍요로운 시대에 살면서 유난을 떤다고 생각할 수도 있다. 그러나 그 한 가지 사실만으로도 내가 현실을 대하는 마음가짐에 헛바람이 새어들게 하는 틈새를 가지고 있다는 것이 증명된 셈이다.

사고 싶을 것을 마음대로 살 수 있다는 것은 행운일 수도 있다. 그러나 그 즐거운 유혹에 빠지게 되면 자칫 자제력을 잃기 쉬운 것도 사실이다. 사고 싶은 걸 마음대로 사는 것은 얼핏 보면 문제가 되지 않을 수도 있지만, 가랑비에 몸이 흥건하게 젖듯 자신을 어찌할 수 없는 지경에 이르게 할 수도 있다. 인간이 뭔가를 해도 좋은 환경에서 자신을 다그치고 절제하는 일은 여간한 의지가 아니면 어렵기 때문에 조금만 방심해도 주체할 수 없는 상황까지 빠져들 수 있다. 지금의 내 자신이 그 단계에 이른 건 아닌지.

예전에는 사람들을 대하면서 상대가 못마땅한 일을 해도 드러내서 내 마음을 보이지는 않았다. 굳이 얼굴 붉히며 내 의견을 전달하지 않아도 내 마음 속에만 다져두면 내가 판단하는 옳고 그름의 경계선은 이미 그어진 셈이기 때문이었다. 그런데 지금은 상대가 틀렸으면 틀린 거라고 말해야만 직성이 풀린다. 전처럼 내 자신과의 다짐만으로는 성이 차지 않아 내 뜻을 상대에게 전하고 싶어 안달인 것이다. 그래서 나는 내 마음과 자주 싸운다. 틀린 것을 틀리다고 말해야 하나, 참고 담아두어야 하나 하는 문제로. 가끔씩 절제하지 못해 내 주장을 하고 나서 고통을 당하기도 한다. 그 모든 것들이 아마 내가 욕심을 부리기 때문일 것이다. 아무리 선善이어도 혼자만 고집하면 독선이 될 텐데 그것도 모자라 상대가 내 방식으로 따라와 주길 바란다면 그것은 과욕이 되지 않겠는가. 그래서 나는 혼돈스럽다. 이 다양한 삶들 속에서 보편적인 가치 기준을 어떻게 정할 것이며, 그 기준이 적용되기도 어려울 것이겠기에 말이다. 그런데 나는 세상에 대해 무슨 욕심을 부리고 있는 것인가. 자신의 욕심이나 줄일 일이지.

어떤 친구가 그랬다. 굵어진 자신의 허리를 만지면 혐오스러워진다고. 삶에 대한 결벽증을 갖고 있는 사람이 아닐지라도 그 혐오감의 의미를 이해할 것 같다. 허리가 굵어진다는 것은 단순한 뜻이 아닐 것이다. 굵어진 허리만큼 세상사에 관한 욕심도 불어났을 것 아닌가. 아아, 늘어난 허리 사이즈만큼이나 불어나 있는 욕망을 나는 어찌 감당해야 할까. 잠시만 한 눈 팔고 나면 금세 변화하는 현실에서 욕망은 점점 사다리를 높이 쌓아갈 것이고 그 위에 서 있는 나는 어느 시점에서 추락할 것인가. 두렵다. 작은 소망들을 꿈꾸며 행복해 하던 시절은 다시 오지 못할 것인가. 의지할 이 한 사람만 있어도 세상이 온통 내 편처럼 느껴질 거라고 생각하던 시절, 소꿉놀이하듯 차린 신혼살림, 댓돌 위의 신발이 한 켤레 늘었을 때의 희열과 충만감, 처음 내 집을 마련했을 때의 기쁨, 그리곤 더 이상 욕심은 부리지 않겠다고 다짐하던 때가 언제였던가.

나는 다시 냉장고 문을 열고 물건들을 끄집어냈다. 보기만 해도 군침 도는, 진열대에서 바구니에 담을 땐 더없이 행복했던 식품들을 다시 쇼핑백에 나눠 올케에게 보냈다. 아무것도 모르는 아이들은 의아한 표정이었고, 올케는 날아가는 목소리로 고맙다는 전화를 했다. 수화기를 내려놓으며 나는 거울에 비친 자신과 약속을 한다. 불어난 내 허욕의 덩어리를 조금씩 떼어내어 표면적을 줄여야겠다는. 자신의 식욕마저 조절하지 못하는 인간이 어떻게 다른 것들을 조절할 수 있겠는가. 그렇게 해서라도 체감 욕망도를 낮추게 된다면 회오리바람 부는 세상에 서 있어도 최소한 현기증은 면할 수 있지 않겠는가.

파리 쫓기

초여름, 베란다 쪽 문을 잠깐 열어 두었더니 파리 몇 마리가 무리 지어 마실 나왔다. 쇠파리도 아닌, 자그마한 것들이기에 들어왔으면 나가기도 하려니 싶어 놔두기로 했다. 설령 지들이 나가지 않고 내 집에 빌붙어 산다고 해도 크게 해 될 것은 없으니 그 미물들에게 억매일 필요는 없다고 생각했다. 베란다에 화분이 많다보니 그 분에 기생하는 개미의 가계가 날로 번창하여 그것들이 자꾸 영역을 넓혀 거실을 기웃거리는 경우가 있다. 아이들이나 남편은 여자의 역할이 부실하여 개미까지 내 가정을 넘본다고 내게 푸념하곤 하지만 나는 생명 있는 것들이니 같이 어우러져 살자고 가볍게 응수하곤 했었나. 게으른 탓이기도 하지만 내 기본 생각이 그랬으니 파린들 뭐 그리 다르게 대할 것인가.

거실에 앉아 노트북을 열었다. 시간이 지나자 꽃가루가 노오랗게 내려앉는 것이 눈에 띄였다. 한낮이 가까워지자 도심지에 있는 내 집 주변은 태양열과 매연에 시달려 헉헉거리기 시작했다. 하는 수 없이 베란다 쪽 유리문을 닫아야 했다. 문을 닫고 얼마쯤 시간이 지났을까. 뭔가 풀릴 듯하면서도 작품에 진전이 없었다. 날개를 펴고 비상하는 새가 되길 바라던 나는 두드리던 자판에서 손을 떼고 고개를 들었다. 공교롭게도 바로 눈앞에서 다섯 마리의 파리들이 비행연습을 하고 있었다. 미처 못 느끼고 있을 때는 모르겠더니 한 번 보고나니 신경이 여간 쓰이는 게 아니었다. 그때부터 나는 그 작고 하잘 것 없는 파리들에게 매이기 시작했다. 손으로 휘휘 쫓으면 잠깐 흩어졌다 다시 모여 내 눈앞에서 어른거렸다. 차라리 덩치라도 큰 것이라면, 시야에서 확실하게 드러나는 것이라면, 손으로 만지거나 두드려줄 수 있는 것이라면 이렇게 은근히 부아가 치밀게 하지 않을 것이다. 감정 표현을 한다는 것은 스스로 정화 작용을 시키는 것이니 한 대 때려 주기라도 하면 얄미움이 덜해질 것 아닌가.

지깟 것들이 남의 집을 넘봤으면 예의라도 좀 지킬 일이지, 한쪽에 다소곳이 있을 일이지 가뜩이나 신경이 예민해져 있는 주인 눈앞에서 어른거리는 심보는 또 무엇인가. 처음의 마음과는 달리 자꾸 변심하는 나 자신이 좀 우스웠다.

되지 않는 작품 때문에 생긴 화를 파리에 전가하고 있는 자신을 보았다. 그렇다 해도 나는 종전의 아량을 이미 잃어 가고 있었다. 책을 들고 쫓아봤다. 물론 어림없다는 듯이 요리저리 잘도 피해 다녔다. 신문지를 들고 쫓아냈다. 이제는 안심이다 싶어 문을 닫고 앉았더니 비웃기라도 하듯 또 다시 다섯 마리가 코앞에 날아와 곡예를 하고 있다. 이번에는 방석을 들어 쫓아봤다. 거실을 샅샅이 훑어보아도 보이지 않아 내가 이겼다는 생각으로 문을 닫았다. 왠 걸? 윙윙거리며 또 다시 내 주변으로 모여든 파리를 보니 세 마리였다. 겨우 두 마리를 쫓아내고 회심의 미소를 지었던 것이다. 그런 내 모습을 비웃기라도 하듯 파리들은 더욱 가까이서 앵앵대며 비행하고 있었다. 마침내 화가 나기 시작했다. 다시 방석을 들고 이리저리 휘두르며 온 거실을 헤집고 다녔다. 그 파리들을 쫓아내지 않으면 당장 아무것도 할 수 없을 것 같이 비장한 각오로 그것들을 쫓아 다녔다.

커튼 뒤에 숨어있는 파리를 찾느라 커튼을 이리 들추고 저리 들추고 하다가 나는 회심의 미소를 지으며 수퍼로 달려갔다. 인간을 능멸한 파리에게 보복을 해야겠다고 작심한 것이다. 에프킬러를 사들고 씩씩거리면서 돌아왔다. 그리고 잠깐의 망설임도 없이 커튼을 흔들면서 고약한 액체를 칙칙 뿌려댔나. 파리들은 한 가족이었는지 같은 곳에 숨어 있다가 몰살되었다. 그때서야 나는 후련한 숨을 내쉬며 그 주검들을 처치하려 화장지를 찾았다.

화장지를 들고 커튼 밑에 떨어져 있는 파리를 보니 미미한 전율이 일었다. 이 작은 파리들을 무시할 수도 있었는데 왜 나는 그렇게 미워했던 것일까. 어렴풋이 느낌이 왔다. 내가 진짜 미워한 것은 파리가 아니었다. 나는 내 마음 속에 미움이라는 것이 또아리를 틀고 앉아 있음을 느꼈다. 그것은 사랑보다는 훨씬 더 튼튼한 성곽을 쌓아 무너뜨리기 어려울 지경에 있다는 것도 감지되었다. 사랑이야 누구에게든 내주면 되는 것이니 아주 부드럽고 얇은 막을 치고 숨어 있어도 상처를 받지 않지만, 미움이라는 것은 자신의 존재를 누구에게든 숨겨야 하니까 그렇게 굳건한 성채를 쌓아 숨어 있지 않으면 안 될 터였다.

나는 힘없이 주저앉았다. 나는 무엇을 미워하고 있는가. 파리를? 누군가를? 아마 나는 파리를 쫓으며 가슴 속에 숨어있는 미움의 대상을 쫓아내려 몸부림 쳤을 것이다. 그러지 않고서야 저 힘없는 파리 몇 마리를 쫓으며 기진맥진할 정도로 사력을 다 하고 그것도 모자라 그것들을 죽이기까지 했겠는가. 나는 주저앉아 난장판이 되어있는 거실을 둘러본다. 처음 파리를 보았을 때 보였던 내 너그러움은 숫제 위선이었다는 말인가. 저 작은 생명에게도 너그럽지 못하는 내가 어떻게 인간에게 관대해질 수 있겠는가. 나는 용기를 내어 다시 유리문을 열어제쳤다. 부끄러움으로 열뜬 나를 비웃기라도 하듯 후덥지근한 바람이 전신을 휩쓸고 지나갔다.

거기, 한라산이 있다

현상의 유추

제주도를 생각할 때마다 아련한 그리움이 솟구친다. 그 그리움의 실체를 설명할 길이 없는 나는 본래적인 것으로 치부해 버리곤 한다. 이를테면 나는 전생 중 어느 생을 그곳에서 보내지 않았을까 상상해 보는 정도. 마음을 열어 내남없이 지내는 가까운 지인이 사는 것도 아니고, 유랑을 즐겨 떠도는 삶을 우러르며 사는 것도 아닌 내가 제주도의 한라산이나 올레길, 푸른 바다를 볼 때마다 가슴에서 하얀 김이 몽글거리는 것을 보면 아이러니다. 무시로 바다를 바라보며 자랐으면서도 그 사실을 까먹은 사람처럼 제주의 바다에 서서 힘차게 밀려오는 파도를 보고 있으면 저것이 진짜 바다의 모습이지 가슴이 벅차오른다. 초원에서 풀을 뜯는 말을 보면 언젠가 내가 그 말을 타고 달렸을 것 같은 착각이 일어나니 내가 제주에서 한 생을 살았을 거라는 상상은 망상만은 아닐지 모른다. 제주에 가면 낯선 풍경에 빠지는 것도 잠시일 뿐, 나는 금세 풍경들에 스며들어 몸과 마음이 술렁거리곤 한다. 지금까지 살아오면서 어느 지역을 이리도 오래 사랑해 본 적이 없다. 그 강도로 치면 유년을 보낸 고향 마을보다 훨씬 더 강렬하니 배반당한 고향이 나를 내칠지도 모른다. 그러기 전, 나는 타당한 변명거리를 찾아야 할 것이다.

기억, 혹은 경험의 시작

이제 기억도 희미해진 젊은 날, 제주도로 신혼여행을 갔다. 그때는 제주도가 신혼부부의 꿈과 낭만을 웬만큼은 채워주던 곳이었다. 이제는 많은 기억들이 퇴색되고 노란 유채꽃밭의 장관과 말을 타고 달리던 푸른 초원의 이미지만 꿈결마냥 흐릿하게 남아있다. 아, 천지연 폭포 앞에서 찍은 한복차림의 젊은 여인은 이제 전설 속으로 사라지고 연륜이라는 이름으로 윤색된 나이 든 여자가 그 자리를 대신한다.

결혼이라는 무덤으로 들어간 후, 존재에 대한 물음은커

녕 현실을 좇아가기도 벅차던 시간을 살다가 20년 전쯤 한라산과 처음 만났다. 함께 가야 할 그만그만한 이유를 가진 사람들 예닐곱 명이 나선 산행이었다. 태고의 시간을 지나온 고사목과 오랜 생명을 품은 산이 지닌 신비로움에 빠져들어 나는 말을 잇지 못했다. 형언할 수 없는 강렬한 그 느낌을 무엇으로 표현할 수 있단 말인가. 한라산은 늘 거기 있었지만 나는 그를 오래 잊고 있었던 탓인지 우리의 조우는 그리 호락호락하게 이루어지지 않았다. 진달래 밭에 이를 때부터 눈보라가 심하게 휘몰아쳐 우리는 도중에 하산해야 했다. 늦봄 산행에 나선 사람들은 설마 이곳에서 겨울을 만날 거란 예측을 하지 못했다. 마치 예측불허의 인생을 보는 듯했다.

알지 못하게 이끌려

그렇게 시작한 제주도행은 이제 횟수가 잦아졌다. 어느 때는 한라산을 오르기 위해 가고, 어느 때는 지친 나를 위로하고 다독거리려 제주의 바다로 떠나고, 어느 땐 가족과 즐기기 위해 간다. 그리고 올 1월엔 어머니와 마지막일지도 모르는 여행을 다녀왔다. 평생 어머니에게 효도하지 못한 자신에게 그나마 면죄부를 주기 위해 여행지를 물색하다가 나는 또 제주도를 택하고 말았다. 제주도엘 가면 내내 만나지지 않던 모녀의 마음이 만나질 수 있을까 그런 기대가 있었던 것인지도 모른다. 이래저래 가라앉은 분위기일 수도 있는 여행을 가볍게 하고자 두 딸을 초대하니 모녀 3대의 여행이 되었다. 나이 든 딸이 더 나이 든 어머니의 넋두리가 버거울 땐 아직 생이 무엇인지 더 알지 못하는 젊은 딸들이 대신 듣고 다독였다. 내가 지쳐 있을 때 힘이 되어주는 딸들처럼 나도 어머니에게 그런 자식이고 싶었으나 그러지 못했다. 상처 없는 사람이 없듯, 아프고 아픈 사람살이를 산 팔순을 훌쩍 넘긴 노모가 평생 입을 열지 않았던, 생의 비의?같은 이야기를 제주도에 와서 풀어놓았다. 나는 어머니에 대해 무엇을 알고 있었단 말인가. 나의 존재의 집이었던 그녀를 나는 왜 그리 외면하며 살았을까? 회한의 밤, 얼기설기 엮인 운명의 사슬이 스르르 풀리길 어린아이처럼 천진하게 기도했다.

신비, 환대

그새 꽤 시간이 흘렀다. 고시공부를 하던 딸이 마침내 결단을 내리고 자신의 길을 바꾼 지가. 2차 시험에 미끄러진 딸이 무너진 마음을 추스르러 여행을 떠났다 돌아온 후, 나는 딸을 데리고 무작정 한라산으로 향했다. 그냥 그러고 싶어서였지만 지금 생각하면, 그 산의 품에서 하루쯤 걷다보면 자신과의 조우가 가능해질 거라는 믿음이 있었던 게 아닐까. 진실로 자신을 아는 사람이 있다면 그는 세상을 다 얻은 것이나 마찬가지일 테니까. 우리는 호텔에서 하룻밤을 묵고 아침 일찍 산행을 시작했다. 출발지인 성판악에서 한라산이 나를 잘 받아들여주길 마음 깊이 염원했다. 출발하기 전에는 엄마의 체력을 염려하던 딸은 가파른 코스로 접어들자 걸음을 떼기가 힘든 모습이었다. 잠시 멈춰서 나란히 서게 되자 녀석은 '엄마는 날아가는 듯하다'고 말했다. 그때에야 나는 산과 하나된 것처럼 힘들이지 않고 걸었음을 알아차렸다. 정상이 가까워질수록 바람이 세차게 불었고, 다른 사람들처럼 우리도 위태위태한 순간을 경험하며 백록담에 이르렀다.

바람은 세차게 불었지만 장엄한 백록담의 모습은 볼 수 있었다. 총 둘레가 3㎞나 되는 분화구를 처음 보는 것도 아니건만 나는 이곳에 오면 늘 고대의 어느 시간에 와 있는 느낌을 받는다. 신생대 제 3·4기의 화산작용으로 생긴 분화구 앞에 서 있는 21세기의 사람이라니. 그 시간이 지나는 동안 나는 어느 생에선가 이곳을 아주 좋아하는 사람이었을지 모른다. 백록담은 옛 신선들이 내려와 백록주를 마시며 풍류를 즐겼다는 데서 온 이름이라니 더욱 의미 심장했다. 흰 사슴으로 변한 신선과 선녀의 전설은 내 심상 속에서 자유롭게 작동되어 나는 그 자리에서 저절로 무릎이 꿇

어졌다.

존재들의 아우성처럼 다양한 소리를 싣고 온 바람 위에 내 의식을 흘려보내며 깊은 숨을 쉬었다. 어느 순간 바람소리가 멎고 왁자한 사람들의 소리도 들리지 않았다. 그리고 나는 적요 속으로 천천히 빠져들다가 무엇인가 휙 지나가는 소리에 현실로 돌아왔다. '엄마, 뭔가가 우리 앞을 지나갔는데 더 이상 보이지는 않아요.' 딸이 말했다. 나는 촌음의 속도로 내 눈앞을 스친 존재가 바람일 거라 말했지만, 이 산의 어떤 존재와 만나는 순간이었음을 믿는다. 우리를 반갑게 맞아준 산에게 감사했다. 심연에서 올라오는 희열을 품고 우리는 서둘러 관음사 쪽으로 발길을 돌렸다.

그리고, 지금

나는 지금도 한라산이 언제든지 나를 반겨줄 것이라는 만용에 가까운 자신감을 가지고 있다. 내가 그를 좋아하기 때문에 생긴 믿음이지만, 조석으로 변화하는 인간관계 속에서 내 마음 든든하게 받쳐주고 있는 존재가 있다는 사실은 내 생을 의연하게 끌고 갈 수 있는 힘이 된다. 누군가는 그 존재가 사람일 수도, 자연일 수도, 학문일 수도, 문학일 수도 있겠다. 내 집에 살고 있으면서도 제주도엘 가면 왠지 본질적인 무엇을 발견할 수 있을 거라는 믿음이 퇴색되지 않는 한, 나는 마음속에 그 섬을, 그 산을 품고 살 것이다. 그 사랑이, 만나지 못하는 그리움이 언제까지 지속될 것인지 알지 못한 채. 몇 번을 더 만나야 그 갈증이 풀릴지…. 누군가를, 어떤 대상을 아련히 품고 산다는 건 이토록 느꺼운 일이지 싶다.

봄 햇살 때문이야

춘삼월春三月이라 했던가. 도도한 봄기운에 놀라 대지가 꿈틀거린다. 동면에서 깨어난 개구리가 기지개를 켜고, 겨우내 혹한 속에서 꽃망울을 준비한 매화가 방긋 웃고 있다. 세상에 존재하는 모든 살아있는 것들이 저마다 봄소식을 가지고 와서 겨울이 떠난 빈자리를 메워주고 있다.

사람들 또한 그 봄기운을 감당하지 못해 일상을 훌훌 벗어던지고 싶어한다. 아지랑이를 보면 현기증이 일고 봄 햇살 아래 서면 가슴이 두근거리는 사람들. 그 해 봄, 내 어머니도 그러셨을까. 허기진 긴 겨울을 견디고 나서 얻은 아릿한 포만감을 저 햇덩이로부터 전이 받으셨을까. 가슴 밑바닥에서 올리오는 해의 기운을 감당해내기 힘드셨을까.

그 해 봄에 나는 첫아이를 출산하였다. 짙푸르게 자라기 시작하는 보리밭을 매다 소식을 듣고 한달음에 달려오신 어머니는 첫 손녀를 얻은 기쁨과, 아직은 어리둥절함으로 가슴이 떨린다고 하셨다. 그도 그럴 것이 스무 살에 낳은 딸로부터 얻은 손녀였으니 아직 할머니가 되기는 이른 나이였던 것이다. 그래도 어머니는 외할머니의 위엄을 잃지 않고 아기의 머리에서 발끝까지 일일이 어루만져주며 봄 햇살처럼 밝고 건강하게 자라라고 기원해 주셨다.

그 날부터 어머니는 갓난아기와 산모 수발로 한가로울 틈이 없었다. 아기가 내놓는 푸르죽죽한 배내똥이 묻은 기저귀를 들고 수돗가로 달려가곤 하셨다. 잠시도 쉬지 않고 움직이면서도 어머니는 힘들어하지 않으셨다. 나는 그런 어머니를 보면서 첫 손녀 얻은 기쁨이 저리 크실까 하는 생각으로 새삼 감사한 마음이 일렁이곤 하였다. 어머니의 그런 마음처럼 봄 햇살은 하루에도 몇 번씩 널어대는 기저귀를 산뜻하게 말려주었다. 그렇게 며칠이 지나자 나는 차츰 미안한 마음이 생기기 시작하였다. 기저귀 하나만 나와도 들고 일어서는 어머니를 가만히 누워서 바라보기가 민망하였다. 그러나 어머니는 내 마음을 모른 척, 급할 거 없으니 모았다가 한꺼번에 하시라는 내 말을 들어주지 않았다. 다만 계면쩍은 웃음으로 손을 휘휘 저으며 문지방을 넘으시는 것이었다.

어느 날은 어머니의 기척이 없어 마당으로 나가보았더니

그녀는 화단 가에 질펀하게 앉아 햇빛을 받으며 졸고 계셨다. 깜짝 놀란 나는 어머니를 부축해서 일으켜 세웠으나 딸에게 무안해진 그녀는 언제 그랬냐는 듯 시침을 떼고 기저귀를 걷기 시작하였다. 그런 어머니를 바라보는 나는 심각해질 수밖에 없었다. 이유가 뭘까 아무리 궁리해 봐도 어머니의 심리를 유추해 낼 수가 없었다.

이상한 일은, 날이 밝으면 잠시도 쉬지 않고 방으로 수돗가로 빨랫줄이 있는 마당으로 옮겨다니는 어머니의 몸동작이 나비처럼 사뿐거린다는 사실이었다. 어떤 때에 보면 어머니는 뭔가에 끌려 들떠 있는 것처럼 보이기도 하였다. 그렇게 몸을 많이 움직인 어머니는 저녁이면 옅은 코까지 골며 만난 잠을 주무셨다. 사위는 그런 장모가 안쓰러웠던지 무슨 일을 그리 많이 하시게 했느냐고 내게 핀잔을 주기도 하였다.

햇살의 부드러움이 최고조에 달하는 4월의 어느 날. 무심히 밖으로 나오던 나는 화단 가에 놓아둔 의자에 앉아 잠이 든 어머니를 또 보았다.

"어머니, 피곤하시면 방에 가서 쉬시지 않구요."

"피곤하긴 ……. 하루 종일 들에서 일하며 살던 사람인데. 그래서가 아니라 방안에 들어가면 가슴이 답답해져서 앉아 있을 수가 없디구나."

"어머니, 혹시 무슨 가슴앓이라도 ……"

"병은 무슨 병이 있겄냐. 그놈의 봄 햇살 때문이지."

내 어머니를 여자로 생각해 본 적이 없던 나는 그때의 어머니 나이가 되어서야 그 봄 햇살을 이해하게 되었다.

이 가을에

만추다. 골목 어귀에서 서툰 걸음으로 달려오던 가을바람이 장롱 깊숙한 곳에 넣어 두었던 바바리를 꺼내들게 하였다. 나는 하릴없이 옷깃을 세우고 길거리를 헤매다 오후 늦게 귀가했더니 올망졸망 토끼눈의 아이들은 불평으로 온통 아우성들이었다. 무엇이 나로 하여금 안정을 갖지 못하고 뭔가 잃어버릴 것 같은 조바심으로 하루하루를 보내게 하는가. 노랗게 물든 가로수 은행잎들이 스산한 바람에 흩날리는 이 계절을 나는 어떻게 견뎌내야 할까.

언젠가 9월의 달력을 넘기며 오랫동안 순정한 기억으로 남아있는, 첫사랑과의 추억 같은 통증이 온 몸에 일었었다. 그리고 그만큼으로 올 가을을 넘길 수 있길 바랐었다. 그런데 그게 아니었다.

가을이 깊어갈수록 가슴을 일렁이게 하는 온갖 상념들이 까닭 모르게 자신을 주체할 수 없게 했다. 누군가의 전화 한 통화에도 감정이 예민해지고, 지는 낙엽 속에서도 감정이 솟구쳐 그 기폭을 나 자신도 가늠할 수가 없었다. 생각해 보면 그 누구도 내게 고통을 주거나 문젯거리를 제공해 주는 사람은 없었다. 그런데도 까닭모를 슬픔이 몰려들고 심지어는 서럽다는 생각까지 드는 것에 도대체 내 가을 병의 처방은 내릴 수 없었다. 남편에게 그같은 이야기를 했더니

"당신 그 일 그만해."

그 한마디뿐이었다. 그는 늘상 내가 밝고 희망찬 글을 쓰길 원했다. 누가 읽어도 따뜻한 느낌으로 다가오는 글을 썼으면 좋겠다고 했다. 물론 나도 그러고 싶다. 그런데도 왠지 자꾸 어두움이 짙게 배인 글을 쓰게 되고, 그러면서 내 스스로는 카타르시스 되는지도 모르겠다. 글 씁네 하면서 예전에 없던, 계절이나 타고 서럽다는 말이나 입에 올리는 아내를 두고 남편으로선 그 모든 빌미가 글 쓰는 일 때문이라고 생각한 것도 무리는 아니리라. 하지만 스스로 생각해 보면 결코 그것만은 아닌 것이다.

가난하고 힘겹게 살았던 시절, 아이들 셋을 키우면서 사업하는 남편 내조에다 이런저런 일들로 긴장을 하고 살았으니 봄이 가면 여름이 오고 가을이 가면 겨울이 오는구나

하는 느낌뿐 꽃이 피고 나비가 날아도 그것을 환희로 승화시키는 감성이 미처 피어나지 못했던 것이 그간의 내 생활이었다. 그러고 보니 그런 세월이 어림잡아 십여 년이었다.

그 기간 동안 나는 철저하게 자신을 잊고 아내로서 그리고 엄마로서의 삶을 충실히 살아냈다. 그저 언덕 위의 하얀 집을 꿈꾸며 열심히만 살아온 것이다. 때때로 왜 이렇게 살아야 하는가의 회의가 자신을 괴롭힐 때도 있었다. 그러나 아내로서 엄마로서의 내 삶에 그런 생각들이 오래 머물진 못했다. 그리고 그저 수식어 투성이인 현모양처의 굴레에서 맴돌고 있었다. 차츰 정신없이 휩쓸려 살아온 세월 속에서 언젠가는 내 자리를 마련해야겠다는 결심을 굳히기 시작했다.

그러나 힘겹게 살아오면서, 늘상 갖고 있던 소망을 향해 미세한 날갯짓조차도 하지 못했던 내가 습작을 시도하면서 느끼는 절망감은 컸다. 10년 동안 나는 뒷걸음질 치면서 살았다는 느낌이 들었다. 세상과 담을 쌓고 살다가 이제야 담장을 허물고 보니 담장 안과 밖에서 느껴지는 그 높은 갭을 어떻게 해결할 수 있을까 하는 문제에 부딪히게 된 것이다. 가장 최선의 방법으로 내가 사랑하는 이들을 위해서 살아온 지난 시간이 내 자신에겐 이토록 뼈저린 낙오의 느낌이 들게 한 것이다.

내가 이 가을에 서글픔을 느낀다고 말을 하고 난 며칠

뒤였다. 정말 걸리적거리는 부분들을 모두 떨쳐버리고 잠시나마 나만의 상념에 젖을 수 있는 여행을 떠나고 싶다는 생각을 하고 있었다. 이 가을은 아무런 저항의 기색 없이 내게 문을 열어줘 그 안으로 나를 함몰시켜 버렸는지 나는 그토록 자신을 추스르지 못하고 있었다. 그 여세를 몰아 나는 통 큰 여자가 되어 버렸다. 어느 날 밤, 신문을 뒤적이는 그에게

"나, 하루만이라도 좋으니 여행 좀 보내줄 수 있어요?"

라고 넌지시 물어보았다. 내가 없으면 우리 집은 단 하루도 제대로 되는 일이 없는 줄도 안다. 그러면서도 가을 속으로 떠나고 싶은 간절함이 나를 그렇게 몰아세웠다. 남편이 내게 정색을 하며 말했다.

"이 사람아, 나는 가을이 언제 와서 언제 가는지도 모를 만큼 바쁘게 살아. 월말에 어음 처리하고 한숨 돌리고 나면 다음 월말을 걱정해야 할 만큼 나는 세월조차 가늠하지 못하고 산단 말이야."

그것을 몰랐던 바 아니었다. 그런데도 지금 이 순간 왜 이렇게 남편 앞에서 내 자신이 부끄러워지는지 모르겠다. 그이는 누굴 위해 그렇게 세월조차 가늠하지 못하며 힘겹게 살아가는 것일까. 자신의 성취감 때문만은 아닐 것이다.

세 아이들과 아내를 어려움 없이 살아가도록 해야 하고, 그와 인연지어 살아가는 사람들에게 폐가 되지 않도록 하

기 위해서도 뭔가를 이루어내야 했을 것이다. 그 틈새에 나는 그에게 가장 든든한 내조자로 있고 싶었다. 그러나 그것은 생각뿐 실에 있어서 어떤 힘도 되어주지 못했다. 자금난에 허덕여도, 월말이면 어음 막기 위해 마음 졸여야 하는데도 그의 고충을 곁에서 지켜보기나 할 뿐 현장에서 같이 뛰어 주지는 못했었다.

언제부턴가 그는 내게 자신의 일에 참여해 달라고 했지만 나는 그 방면에 무지하다는 이유로 번번히 거절했었다. 현실적으로 보자면 그렇게 나는 남편을 이해하고 협조해 주는 데는 인색했던 것이다.

그런저런 생각들이 꼬리를 물고 지나가자 그에게 미안한 생각이 들었다. 가을 탓에 여행을 가고 싶다고 말한 내 자신이 황당하리만치 부끄러워져 그저 무안한 느낌만 들었다.

"정말 해낼 수 있을지 모르지만 나도 같이 일할게요. 사업 하는 거 나라고 왜 못하겠어요? 자신을 스스로 변화시켜서라도 해 보겠어요."

처음으로 그이에게 이런 대답으로 응수했다. 반짝이는 그의 눈빛이 함박웃음과 함께 내 가슴팍에 머물렀다. 산다는 것과 아름다운 것, 그리고 사랑한다는 것이 모두 어우러져 징겨운 이 가을밤에 한 무리 별처럼 빛나고 있었다.

9월의 소리

나는 이즈음의 주말에는 산중의 절로 가서 하루를 보내고 집으로 돌아온다. 스님의 설법을 듣고, 혹은 마음공부를 하고, 기도를 하거나 차담을 나누기도 한다. 해질녘이면 절 도량을 산책하며 자신을 생각한다. 그 길에 다람쥐가 끼어들면 말을 걸고, 눈맞춤에 익숙해진 꽃과 나무들에게 다가가 인사를 하기도 한다. 그 시간동안 세상 물살에 맞춰 흔들리다 지친 마음을 쉬고 흐트러진 것들을 정갈하게 가다듬으며 자연 안으로 자신을 방기해 보기도 한다. 그렇게 가라앉힌 마음은 1주일 동안의 내 에너지의 원천이 된다. 산문 밖으로 돌아오면 곳곳이 마음 부딪치는 장소이니 왜 아니 그럴까. 사회 속에서 사람들은 누구나 자신을 위한 삶을 살 듯, 누구도 타인을 배려하지 않는다. 신사도를 실천하고,

능란하게 자신을 드러내보이지만 조금만 이해관계가 얽히면 그 속을 알지 못하게 둔갑한다.

나 역시 나를 위해 주장하고 내 가진 것을 늘리려 타인에게 손해를 끼치기도 할 것이다. 그래서 가끔은 마음 약해 내 것을 주장하지 못하거나 타인에게 내 것을 양보하면서 어줍잖은 동정이나 흉내 내기의 연장일지도 모른다는 생각을 한다. 철저한 자기 응시의 시간이다. 가능한 한 냉정하고 솔직하게 자신을 보려 한다. 나를 제대로 아는 일이 가장 먼저 선행先行되어야 타인을 이해하고 선행善行도 가능할 것이다. 그러한 내 마음 수양이 더디 이루어진다 해도 그것이 세월 따라 쌓이면 나는 내 자신은 물론 타인을 향한 여유도 나눌 수 있게 될 것이다. 내가 나를 진솔하게 바라볼 수 있을 때 우리는 서로서로에게 어떤 메타포를 형성해 줄 수 있지 않을까.

저녁을 먹고 우리는 의기투합해 어두워진 산으로 발길을 내딛는다. 누군가 늘 하던 행동은 익숙해져 재미없으니 다른 것을 찾아보자는 제의를 받아들여 결정된 행선行禪이다. 전깃불에 익숙해진 우리는 밤에도 어둠을 보지 못한다는 것에 생각이 미친 것이다. 밤길 걷기, 아무생각 없이 발에 몸을 맡기고 터덜터덜 걸어보기로 하였다. 빛과 어둠은 우리에게 상반된 조건과 형질로 존재하지만 그것은 한 뿌리에서 나온 한 몸이라는 것을 우리는 안다. 마치 생사 일여처럼.

불빛이 보이는 몇 채의 집이 모여 있는 마을을 지나 산모롱이에 다다르자 어둠이 드러나기 시작한다. 점점 변해가는 잿빛 어둠 속에서 마음 또한 고요하게 무엇엔가 스며드는 느낌이다. 발걸음을 떼다 스친 작은 돌멩이들이 이리저리 튀는 소리가 유난히 크게 들린다. 간간이 들리던 개 짖는 소리도 점점 아스라해지고 풀벌레 우는 소리가 그 자리를 대신한다. 가을이 오는 소리, 9월의 소리였다. 그 소리를 듣는 귀가, 마음이 청량해지는 시간이었다. 발걸음 따라 계곡물 소리가 가까워졌다 멀어졌다를 반복하는 사이 우리는 산 속으로 꽤 깊이 들어갔다. 멧돼지가 사는 산이니 조심하라는 스님의 주의를 듣고 후레쉬를 준비했지만 우리는 그것을 사용하지 않았다. 걷는데 조금 불편해도 완벽한 어둠을 택하기로 했기 때문이다. 묵묵히 자신의 생각에 빠지거나 들려오는 자연의 소리에 귀 기울이거나 어둠을 응시하며 조용히 걸었다.

얼마나 걸었을까. 사위가 온통 어둠으로 물들었을 때 남편의 뒤를 따라 걷던 내 눈에 작은 불씨 한 개가 그의 종아리에 붙어있는 것이 보였다. 그리고 잇따라 나타난 몇 개의 불씨들 ……. 그것은 어두운 밤의 정령처럼 반짝이며 날아다녔다. 반딧불이었다. 얼마 만에 보는 반딧불인가. 반가웠다. 아직 그것들이 우리들 곁에 존재해 있다는 것이 반가웠고, 마치 우리가 예전의 어린 시절, 호롱불빛의 기억속으로 들어온 것 같은 착각을 하게 해서였다.

어둠이 칠흑의 모습으로 우리 눈앞에 다가왔을 때 차츰 우리들의 발자국 소리도 크게 들려왔다. 산으로 들어갈수록, 마을의 빛과 멀어지고 소리와 멀어져 어둠 속에서 우리들이 움직이는 소리만이 오롯하게 들려왔다. 한걸음 뗄 때마다 내 몸의 감각들이 또렷이 자각되었다. 팔의 흔들림, 다리의 감각, 발바닥에 닿는 자갈의 부딪침. 보이지 않지만 앞을 주시하고 있는 눈의 작용. 그런데 나는 자칫 방심하면 돌부리에 채여 넘어질지도 모르는 그 와중에도 간간이 무엇인가를 생각하고 있었다. 그 어둠 속에서조차 내가 생각하고 있는 것은 무엇인가. 오늘, 혹은 며칠 사이에 일어난 일상의 사건들을 반추하며 되새기고 있었다. 어둠 속에서 그 어둠에 집중해서 생각을 끊어 오롯하게 내 몸을 자각하고자 나선 밤길인데도, 어둠에 묻혀 아무것도 보이지 않는 찰나 간에도 나는 여전히 무엇인가를 그렇게 기억하고 떠올리고 있었다. 끊임없이 일어나는 생각, 기억들. 그 생멸의 순간에서 벗어나 내 마음을 쉬게 할 방법은 없는 것일까.

나는 다시 내 발걸음에, 발가락에 닿는 길의 감촉에 집중한다. 생각들을 비우고 몸에 신경을 모아본다. 갑자기 볼을 스쳐가는 밤공기가 차갑게 느껴진다. 생각으로 꽉 차 있을 땐 느끼지 못했던 밤기운의 차이, 어둠이 내 몸에 부딪쳤다 물러가는 느낌이 감지된다. 머리에서 발끝까지 온 몸의 감각이 활발하게 작용한다. 몸은 애초부터 그렇게 열어두고 있었는데 둔한 내가, 무엇인가에 나를 잃은 내가 느끼지 못했을 뿐이다.

우리는 잠시 멈춰 서서 심호흡을 하고 정적 속에 자신을 내버려둔다. 어둠과 고요가 우리를 덮치도록 방관해 본다. 밝은 태양 아래서 끊임없이 움직이고 사용하던 몸과 마음을 잠시 던져둔다. 아, 어둠 속에서 나는 비로소 내 몸의 소리들을 듣는다. 생각이 쉬는 틈새에 감각들이 일어서고 그에 힘입은 몸이 화답해 문을 연다. 지금까지 혹사시켜 둔감해진 몸의 촉수들이 스르르 마법에서 풀려나 살갗에 와 닿는 어둠의 감촉들이 복원된다. 생각을 쉬게 하자 몸의 감각들이 제 자리로 서서히 돌아온 것이다. 밝은 불빛 아래서는, 소음 많은 도시에선 엄두도 낼 수 없었던 자신의 일부들이다. 내게 이런 몸이 있었다. 몸들은 깨어나면서 자신의 소리를 하고 말을 건다. 밝은 세상에서는 미처 찾을 수 없었던 것들이다.

어둠 속에서 나는 잠시나마 나를 되찾는다. 그 순간이 찰나여서 소란하고 불빛 밝은 세상으로 돌아오면 남김없이 스러질지라도 나는 그런 나를 기억할 것이다. 나를 보는 일, 나를 느끼는 일, 내가 어떤 존재인지의 물음을 생각할 수 있는 것은 우리는, 타인은 어떤 존재인지를 묻게 하는 길이기도 하다. 그래서 나의 존재를 알게 되면 오히려 내 존재성의 고집을 반성하고 타자라는 존재를 비춰볼 수 있는 메타포의 탄생이 가능해질 것이다. 그래서 내 최상의 꿈은 목적성을 줄여가는 삶이며, 그때에야 비로소 나를 조금이라도 버릴 수 있고, 타자를 향해 비울 수 있게 될 것이다. 그 순간을 꿈꾸며 나는 지금 이 시간을 가장 소중하게 살아간다.

소리꾼 2

자연에는 4계의 법칙이 있듯이 인생에도 유년, 청년, 장년, 노년기가 있다. 소리에도 이와 같이 생애적 단계가 있지 않을까.

봄은 새 생명이 싹 트는 입문의 소리라면 여름은 힘찬 약동의 소리이다. 그래서 봄은 힘찬 출발의 소리가 대지를 울려주고 여름은 폭풍전야의 천둥소리처럼 산천초목이 한 몸이 되어 요동치는 장엄한 소리다. 가을의 소리는 봄과 여름을 지나 마침내 성숙으로 이어지는 소리다. 한숨이 지난 후의 편안한 가슴처럼 눈물이 흘러내리는 소리, 천지를 뒤흔들던 굉음이 잔잔한 물결 위로 내려앉는 소리. 외로움도 한숨도 서리 맞은 꽃잎으로 옮아가는 그런 소리다. 고독한 집념과 외로움과의 싸움에서 얻게 된 자유의 소리는 우리의 영혼을 울리는 절대자의 소리다. 인간의 가슴 속에 있는 아픔을, 서러움을 기쁨으로 승화시켜 주는 그런 신묘한 소리여서 탈진한 이 세상의 영혼들을 일으켜 세워준다.

겨울의 소리는 쇠락의 소리다. 자연의 섭리는 영원한 데 비해, 우리 인간의 생명은 찰나에 불과하니 어찌 안타깝지 않겠는가. 겨울을 맞는 노년기의 인생처럼 소리도 완숙해진 후에는 어쩔 수 없이 쇠락을 맞게 되는 것이다.

모든 예술이 그러하겠지만 소리라는 한 세계 역시 각혈의 아픔 없이는 찬란한 꽃을 피우지 못한다. 더욱이 요즘 번창하는 서양노래에 밀려 외면 받던 '우리의 소리'가 이만큼이나마 맥을 이어올 수 있었던 것은 '소리'를 사랑하는, '소리'에 인생을 건 '소리꾼'들의 남다른 애정 때문이다. 천대받던 '소리꾼'들이 한곳에 정착하지 못하고 떠돌던 때가 그리 오래 전 일이 아니다. 첩첩이 쌓인 한을 간직하고서도 소리가 좋아 오로지 소리만을 좇아 방방곡곡을 뒤고 매며 소리와 살았던 그들. 시대적인 박대가 아니더라도 유행가나 팝송에 밀려 심금을 울리던 우리의 소리는 이만큼이나마 그 맥을 유지하는데도 힘이 부쳤다. 우리의 소리를 형상화한 영화 '서편제'의 몇 장면을 떠올려 본다.

'소리'와 '북'이 지겨워, 아니 가난을 떨쳐버리기 위하여 송화(주인공)의 동생은 집을 떠난다. 오로지 '소리'와 혈육밖에 모르던 송화는 그 충격으로 식음을 전폐하고 그만 자리에 눕고 만다. '소리'를 잃어가는 송화를 보며 소리꾼인 아버지는 약재를 넣어 송화의 눈을 멀게 한다. 자신의 한생을 바쳐 키워낸 소리를 살려내기 위해서다. 차마 아버지로서는 못할 짓이었다. 그러나 소리의 한 경지를 위해 딸을 희생시키고 만 그 소리꾼. 결국 송화는 육신의 한 부분을 잃고 '소리'라는 상대적 가치를 다시 얻음으로 해서 삶의 의지를 다시 찾는다. 송화는 자신의 눈을 멀게 한 장본인이 아버지였다는 것을 알고서도 소리를 통해 결국 아버지를 용서하게 된다. 그 용서의 경지가 바로 득음의 경지였으니 소리와 우리 인간사의 이치는 결국 같은 것이 아닐까.

죄도 용서가 되고 돌덩이 같은 원한까지도 용해되는 '소리'의 위력은 과연 어떤 것일까? 인생이 길게 잡아 100년을 산다 하나 잠자는 시간과 병든 날, 고통의 날을 제하고 나면 즐거운 날은 고작 얼마 되지 않을 것이다. 그런 짧은 생을 살아가는 가운데에서도 어떤 이는 부에, 혹은 명예에, 혹은 예술에 인생을 걸고 살아가듯 소리꾼은 오로지 '소리'에 인생을 건다. 자신과의 처절한 싸움에서 승리하여 득음을 하게 되면 부귀공명보다 더 기막힌 것이 소리여서일까. 그 득음의 자리가 비록 높고 험난할지라도 그들은 기꺼이 외롭고 고통스러운 길로 나선다. 때론 세상으로부터 외면당하기도 하고 때로는 피를 토하는 고통을 경험하면서, 오로지 소리만을 위한 외로운 그 가시밭길을 걷는다.

눈물이 깊어지면 인생도 깊어진다. 어쩜 살아가는 것이 한을 쌓는 것이고 한을 쌓는 그 자체가 살아가는 것이어서 일까? 그래서 청년기의 맑고 고운 소리보다는 장년기의 완숙한 소리가 진정 소리다운 소리라고 한다. 그것은 아픔이 있음으로 해서 한을 쌓게 되고 그 한을 곰삭여 배설하면서 승화되는 소리여서다. 그렇게 한을 소리에 담을 수 있게 된 후에야 비로소 그 한을 훌훌 넘어서는 정화된 소리가 가능한 것이다. 그것이 곧 득음의 경지다. 가슴 가득한 원망도 용서가 되고, 백팔번뇌를 떨치고 무지개빛으로 피어나는 피안의 세계가 열리는 소리. 꽃구름 몰고 와 천년 꿈을 꾸게 하는 소리가 세상 어느 곳이든 떠다니며 삼라만상을 울고 웃게 희롱도 하고 옴짝달싹 못하게 움켜쥐기도 한다. 그렇게 한자락 꿈이 되고 기쁨이 되다가 결국 법열로 승화되어 운명처럼 끌려오고 끌려가는 소리, 소리, 소리 …….

나뭇잎 흔들리듯이

관세음보살, 관세음보살. 내가 내는 소리가 참 듣기 좋다. 관세음보살을 부르는 내 목청이 꽤 낭랑해서 사랑스러울 지경이다. 이 시간이 행복하니 그럴 수밖에 없다. 그럼에도 관세음보살과 관세음보살 사이에 자꾸 헛생각이 끼어든다. 어제 냈던 기말시험 문제가 좀 어렵지 않을까, 시험범위를 좀 좁혀줄 걸 그랬나 하는 후회가 이어진다. 무엇인가 생각을 하고 있다는 것을 자각하는 순간 옆에서 나는 남편의 목소리에 맞춰 재빨리 합류한다. 다시 관세음보살 정근에 몰두한다. 얼마 지나지 않아 책상에 앉아 공부만 하느라 허리가 아프다는 딸 생각이 불쑥 찾아온다. 달려가 직접 치료해 주지 못하는 어미의 안타까움이 싸아하니 밀려와 가슴에서 소沼를 이룬다. 마음이 움직여 안타깝다는 연민의 감정을 만들어낸다. 그런 감정이 미꾸라지처럼 활동을 하면 방죽은 온통 진흙물 투성이가 된다.

이번엔 좀 더 의지를 굳게 하여 코끝에 의식을 모아 다시 정근을 한다. 몇 번의 흔들림이 지나간 뒤, 겨우 일상의 상념들에서 빠져나와 나의 세계로 들어간다. 그곳엔 그 누구도 끼어들지 않는 오롯한 나의 공간이 있다. 그곳엔 더럽고 깨끗한 것의 구분도 없고, 미추美醜의 구분은 물론이며 심지어는 선악의 분별도 없을 것 같다. 그러나 나는 너무 오염돼 있어 그 자리에 머물지는 못한다. 그것은 마치 사람의 입김에도 녹아버리는 부드럽고 순결한 눈송이 같다. 겨우 눈길로만 일별하고 돌아서야 하는 내 마음 자리, 상대적인 무엇도 없는 완전한 그곳에 이르려면 나는 수없이 많은 것을 버려야 할 것이다. 이 시간, 아직 그 마음자리를 밝히지 못한 나는 산소가 부족한 수족관에서 숨쉬기를 위해 수면위로 자주 고개를 내밀어야 하는 작은 열대어 같다.

관세음보살을 간절하게 부르던 나는 나를 따라 어디론가 조금씩 흘러간다. 드디어 물살 따라 춤추던 방죽의 물이 어느 곳에 머물 듯, 내 마음도 어렵사리 한 곳에 자리를 잡는다. 번뇌의 미꾸라지가 헤집어놓은 방죽의 물이 조금씩 가라앉기 시작한다. 그 사이로 여전히 물방개비가 헤엄을 치고 수초들이 흔들거리지만 미꾸라지는 더 이상 머물지 않는다. 나는 저 밑의 바닥으로 고요히 내려가기 시작한다.

내가 가진 맑은 에너지의 용량대로 갈 수 있다. 침전하듯이 한없이 가라앉는 느낌이다. 그 순간에 오는 아득하고도 아늑한 평화로움.

어느 순간, 대웅전 나무 바닥으로 스며드는 나지막한 종소리가 들린다. 나뭇잎 하나 떨어져 잔물결 일 듯, 종소리는 심장 한가운데로 와서 내 몸의 실핏줄까지 스며든다. 온몸에 파상으로 번지는 저 소리. 나는 그 소리 따라 다시 낮게 낮게 흘러가본다. 고요하게 종을 치는 스님의 마음에도 들어가 보고, 종소리에 담은 선사들의 뜻도 따라가 본다. 그 종소리를 듣고 세상의 모든 미물들이 놀라지 않게 깨어나라는 메시지도 헤아려본다. 이제 종소리는 점점 웅장하게 울려 퍼진다. 생명 있는 모든 중생들의 귀를 열어 무명에서 벗어나라는 염원의 소리다. 그 소리들이 내 마음을 투과해 지나는 순간 나는 나를 말끔하게 헹구고 있다.

나는 이 시간을 참 좋아한다. 기도하는 시간은 무엇을 위한 것이든 간절하고 아름다운 순간이기 때문이다. 나는 이 시간에 내 안에 넘치는 많은 욕심과 이미 내 것이 되어버린 자잘한 생각들과 관념들과, 삶에서 오는 온갖 갈등들을 버리기를 소망하며 기도 한다. 내 기도는 내게 없는 무엇인가를 얻으려는 욕망을 향한 기도가 아니라, 오히려 너무 많이 가져서 나를 힘들게 하는 것을 버리기 위한 것이기도 하다. 무엇인가를 갖기 위해서가 아닌, 나를 옥죄고 나를 뇌주지 않는 욕망의 끈을 줄이고, 놓기 위해서이다. 이를테면 생각 버리기다. 내 생을 살아오면서 수없이 많은 사람을 만나고 헤어지는 과정에서 나와 인연으로 사슬이 된 모든 존재들과의 매임에서 풀려나는 것을 기원한다. 심지어는 가장 가까운 가족 관계까지도 말이다. 그래서 영혼이 자유로워질 수 있다면 나는 진정 자유로운 사람이 될 수 있을 것이다.

그렇게 버리기를 소망하는 기도가 조금씩 발전해가면 나는 내가 서 있는 시간과 공간에 구속받지 않을 수 있을까. 존재들을 만나 사랑하고 헤어져도 마음 다치지 않고, 누가 나를 긁어 흠집을 내도 나는 그 상처자리를 쓰다듬는 자생력으로 초연할 수 있을 것이다. 그게 내가 지향하는 내 모습이다. 그러나 그 초인의 삶은 내게 쉽게 다가오지 않을 것이다. 그게 쉽다면 세상은 온통 도인 천지이겠기에 하는 말이다. 그걸 알면서도 내가 기도하기를 좋아하는 이유는 그 순간의 평온함에 있다. 그 짧은 평정의 시간들이 모아지면 내 마음이 편안하게 쉴 수 있고, 그 평화가 나를 고요하게 정화시켜 주기 때문이다. 정녕 그 순간에는 자신을 맑히는 성숙한 일이 가능하다는 것을 나는 이제 안다.

세상에 존재하는 모든 것들은 흔들리면서 살아가고 흔들리면서 성숙해진다. 마치 방죽의 연꽃이 진흙 속에서 더 맑은 꽃을 피우듯이. 지금 이 글을 쓰고 있는 순간에도 한 친구는 홀로 키운 자식이 수능시험을 못 봐서 세상 살 의미를 잃었다고 말하고, 한 친구는 남편 몰래 사 둔 주식이 폭락하여 죽고 싶다고 말했다. 모두들 제가 지은 인연대로 살아가는 것을. 몸을 부려 살아온 것에 대한 대가로 병이 들 때가 되면 몸이 아프고, 마음을 너무 많이 쓰고 살아온 결과로 마음이 병들 뿐인데. 늙을 때 늙고, 병들 때 병드는 것을. 문득 엊그제 한 남자를 사랑하는 괴로움을 말하던 후배의 그늘진 얼굴이 떠오른다. 사랑하면 사랑하는 대로, 미워하면 미워하는 대로, 욕망하면 욕망하는 대로, 나나 그들이나 모두 자신이 맺은 인과대로 거둘 것이며, 기쁨도 괴로움도 함께 누릴 것이다. 사랑한다고 고통이 없지는 않을 것이며, 미워한다고 기쁨이 없지는 않을 것이니. 세상에 절대가치나 절대적인 무엇은 없는 것이니, 그저 인연 따라 흐르고 자신이 지은대로 얻는다고 생각하면 욕심내고 종종거릴 것도 없지 않은가.

물이 아래로 흐르는 속성을 지니고 있듯, 빛이 밝으면 그림자도 짙다. 이렇듯 어느 것이든 존재의 양면에 대한 세상 이치는 오히려 더 명료하다. 한 해가 저물어가는 겨울의 중심에서 어느 날 나는 문득 깨닫는다. 이런 작은 깨달음을 갖게 해주는 것은 나를 성찰하며 살아온 것에 대한 선물인가. 현실 속의 존재로 살아가면서 가능한 한 욕망을 줄이기 위해, 때로는 지금보다 더 많은 것을 버리기 위해, 나는 관세음보살을 염하며 기도할 것이다. 그것의 시작이 나를 위한 기도였을지라도, 내가 속한 세상을 향한 내 최선의 동참 의식이 될 것이다.

■ 작가 연보

전북 부안 출생

1993년 ≪수필과비평≫ 등단

1995년 한국여성문학상 수상

1996년 ≪월간문학≫ 등단

1997년 ≪울 수 있는 행복≫ 수필집 발간

1997년 ≪수필과비평≫ 문학상 수상

1999년 광산문학상 수상

2000년 〈호남신문〉 신춘문예 소설 부문 당선

2002년 〈전북일보〉 신춘문예 소설 부문 당선

2004년 ≪표면적 줄이기≫ 수필집 발간

2004년 ≪문학춘추≫ 편집위원

2005년 신곡문학상 수상

2005년 문학박사 학위 수여

2009년~2012년 영산강 환경청 백일장 심사위원

2010년 광주문화재단 창작지원금 수혜

2010년 ≪새들 날아오르다≫ 소설집 발간(문화관광부 우수 도서 선정)

2010년 공동소설집 ≪장씨 이야기≫ 발간

2010년 국제문화예술상(소설 부문) 수상

2011년 광주문학상 수상

2011년~2014년 ≪나눔문학≫ 주간 역임

2012년 『현대소설의 어머니 연구』 발간

2012년 목포문학상 심사위원

2013년 ≪그는 누구일까≫ 수필집 발간

2014년 ≪발자국≫ 수필선집 발간

2016년~ 현재 ≪수필과비평≫ 월평 집필

2017년 『소설이 신화를 차용하는 방식』 발간

2018년 목포문학상 심사위원

2018년 현재 수필가, 소설가, 문학평론가.

조선대학교 국문과 외래교수.

현대수필가 100인선 II · **55**
김지헌 수필선

어둠 짙을수록 더욱 빛나지

초판인쇄 | 2018년 12월 15일
초판발행 | 2018년 12월 25일

지은이 | 김 지 헌
펴낸이 | 서 정 환
펴낸곳 | 수필과비평사 · 좋은수필사

주 소 | 서울시 종로구 삼일대로 32길 36.
(익선동 30-6)운현신화타워 305호
전 화 | 02)3675-5635, 063)275-4000
등 록 | 제300-2013-133호
홈페이지 | http://www.shinapub.com
e-mail | essay321@hanmail.net

값 8,000원

ISBN 979-11-5933-197-8 04810
ISBN 979-11-85796-15-4 (세트) 04810

* 저자와 협의하여 인지는 생략합니다.
* 잘못된 책은 바꿔 드립니다.

이 도서의 국립중앙도서관 출판시도서목록(CIP)은 서지정보유통지원시스템 홈페이지(http://seoji.nl.go.kr)와 국가자료공동목록시스템(http://www.nl.go.kr/kolisnet)에서 이용하실 수 있습니다.(CIP제어번호: CIP2018041987)